N잡러를 위한 거의 모든 절세

KB191461

사업자등록,
부가세,
종합소득세,
원천세까지
세금 앞에서
당당해진다!

권재희 지음

N잡러를 위한
거의 모든 절세

롤링스퀘어

머리말

　'N잡러' 전성시대입니다. 본업과 N개 이상의 부업을 병행하는 사람을 'N잡러'라고 부릅니다. 저는 20년 넘게 블로그에 글을 쓰고, 책을 출간하면서 자연스럽게 직장인 N잡러가 되었습니다. 처음 책을 쓰기로 하고 계약금을 받았을 때, 가장 먼저 든 생각은 '세금은 어떻게 내야 하지?'였습니다. 회계사로 세무 업무를 오랫동안 해왔음에도 막상 내 세금이 되니, 어이없게도 자신감이 없어지더군요. 회계사가 이럴 정도니, 처음 사업을 하는 시작하는 분들은 세금이 얼마나 어려울까 싶었습니다.

　세법은 어렵습니다. 어렵고 복잡한 데다 자주 바뀌기까지 하니, 전문가들도 항상 공부합니다. 그러나 일반인들은 그럴 필요가 없습니다. 특히 직장인 N잡러, 프리랜서의 세금은 홈택스나 인터넷 등의 도움을 받아 혼자서 신고할 수 있을 정도로 간단합니다. 최소한의 절세 지식만 있다면 세금으로 손해 보는 일은 없습니다.

　이 책에서는 ①사업자가 알아야 할 절세의 기본 상식, ②1인 사업자라면 혼자서도 챙길 수 있는 세금, ③사업을 시작하면 필수적인 사업자등록, ④본격적으로 준비해야 하는 사업자의 세금(부가가치세·소득세·원천세), ⑤사업이 성공하면 고려해야 할 법인전환 등 부업을 시작하고 사업을 확장하는 과정에서 필수로 챙겨야 할 세금을 순차적으로 다뤘습니다. 특히 세무 전문가로서 설명하고 싶은 내용이 아니라, N잡러의 시선에서 궁금하거나, 절세를 위해 챙겨야 할 주제들을 다양하게 배치해서 활용도를 높이고자 하였습니다.

이 책에 사업자의 세금 전부를 담지는 않았지만, N잡러의 절세를 위한 '거의 모든 것'을 담았습니다. 사업자가 반드시 알아야 하는 내용은 쉽고 간결하게 설명하되, 세금 실무자에게만 유용한 어려운 세법은 과감하게 반영하지 않았습니다. 모두가 세무 전문가가 될 필요는 없으니, 알아야 할 것만 알자는 의미입니다. 이해가 되지 않는 부분은 건너뛰고 일단 끝까지 읽어보길 권합니다. 세금의 흐름을 한번 파악하는 것이 중요하니까요. 모르겠으면 필요할 때마다 찾아보면 됩니다. 절세는 생각보다 어렵지 않습니다.

N잡러 입장에서 직접 세금 신고를 하며 궁금했던 내용을 다른 분들과 공유한다는 마음으로 즐겁게 집필했습니다. 많은 N잡러들이 절세의 기쁨을 함께 나눌 수 있기를 기원합니다. 아울러 이 책이 나오기까지 무조건적인 지지를 아끼지 않은 권오승 님, 김예구 님, 권재훈 님, 이은정 님, 롤링스퀘어 이지현 대표님, 찬란하고 치열한 삶을 살아가는 세상의 모든 N잡러 독자님들께 감사와 응원의 말씀을 전합니다.

차례

PART 2
나 홀로 해결해야 하는 프리랜서 & N잡러의 절세

PART 3
시작부터 절세하는 똑똑한 사업자등록!

PART 4
사업자등록 완료 후 달라지는 사장님의 세금!

PART 5
N잡러의 소득세와 원천세 완전 정복!

PART 6
회사가 커졌다! 법인사업자의 절세 알아보기

PART
1

세금 줄이는
필수 절세 상식 10

세금 계산법을 알면 절세가 보인다!

간단한 절세 원리 파악하기!

세금 계산법을 알면 절세법이 보입니다. 절세의 원리를 확인할 수 있도록 기본적인 소득세 계산 방법을 소개하겠습니다.

다음 그림처럼 '과세표준'에 '세율'을 곱하여 계산하는 것이 세금의 기본입니다. 그림에서 보듯, 과세표준이나 세율이 낮아지면 세금은 자연스럽게 줄어들겠지요. 즉, 절세의 기본은 과세표준을 낮추거나 세율을 낮추는 것입니다.

세금 계산 공식

세금 계산의 기준 '과세표준'

과세표준은 세금 계산의 기준이 되는 가액(또는 가격, 수량 등)을 의미합니다. 문자 그대로 '과세(課歲, 세금을 매기거나 부과하는 것)' 할 때, '표준'이 되는 금액이라고 생각하면 됩니다. 일상생활에서는 잘 사용하지 않는 용어이지만, 세금에서는 중요한 개념이니 기억해 두는 것이 좋습니다.

모든 세금에는 과세표준이 있습니다. 예를 들어, 소득세는 소득(벌어서 쓰고 남은 돈, 이익)에 매기는 세금입니다. 그러니 소득세의 과세표준은 '소득'입니다. 취득세는 부동산 등의 자산을 취득할 때 내는 세금인데요, 취득하는 자산의 가액이 바로 취득세의 과세표준이 됩니다.

절세의 원리 ① 과세표준 낮추기

세금을 줄이려면 과세표준을 낮추면 됩니다. 과세표준을 낮추라는 말이 정당한 수입을 숨기거나, 실제로 쓰지 않은 비용을 지출한 것처럼 꾸며서 소득을 줄이라는 의미는 아닙니다. 이것은 흔히 말하는 탈세 행위입니다. 불법을 저지르지 않더라도 합법적으로 과세표준을 낮출 수 있는 다양한 방법이 있습니다.

절세의 원리 ② 세율 낮추기

소득세는 소득이 늘어날수록 높은 세율을 적용하는 누진세율 구조입니다. 낮은 세율을 적용할 수 있다면 소득세를 줄일 수 있습니다.

여기서 잠깐!   **세금 용어와 친해지기**

소득, 이익, 수입 등 세금과 관련하여 낯설지만 익숙하기도 한 용어들이 등장했습니다. 일상생활에서는 용어를 정확히 구분하지 않고 혼용하여 사용하다 보니 헷갈리는 경우가 많습니다. 이 용어들의 차이를 알아야 절세가 쉬워집니다.

① **번 돈**: 받은 돈, 판매한 금액, 매출한 금액을 회계에서는 매출액, 수익이라고 합니다. 세법에서는 수입, 수입금액, 지급총액, 공급가액 등으로 부릅니다.

② **쓴 돈**: 사업을 위해 쓴 돈입니다. 회계에서는 매입액, 원가, 비용 등으로 부르고 세법에서는 비용, 원가, 경비, 필요경비 등으로 부릅니다.

③ **남은 돈**: 번 돈에서 쓴 돈을 빼고 남은 돈을 이익이라고 합니다. 매출총이익, 영업이익, 당기순이익 등이 있습니다. 세법에서는 소득, 소득금액 등으로 표시합니다.

	번 돈	• 매출액, 수익, 영업수익 • 수입, 수입금액, 지급총액
-	**쓴 돈**	• 매입액, 원가, 비용, 매출원가, 영업비용 • 경비, 필요경비
=	**남은 돈**	• 이익, 매출총이익, 영업이익, 당기순이익 • 소득, 소득금액

법대로 하면 '절세' 맘대로 하면 '탈세'

02

탈세, 모르고 해도 내 책임

유명 정치인이나 연예인, 기업가의 탈세 소식이 잊을 만하면 들려옵니다. 뉴스의 주인공들은 '본인은 잘 모르는 일'이라거나, '담당 세무사가 시키는 대로 했을 뿐'이라고 이야기하는 경우가 많습니다. 그렇게 큰일을 저질러 놓고 어떻게 본인이 모를 수가 있을까 의심스럽기도 하지만, 실제로 세법을 잘 몰라서 하는 탈세가 의외로 많습니다. 세금을 줄인다고 하니 절세인 줄만 알았는데, 알고 보니 탈세였던 것이지요.

그런데 일부러 했건 모르고 했건, 그 의도는 중요하지 않습니다. 탈세의 책임은 오롯이 납세자 본인이 부담해야 합니다. 세금 조금 줄이려다가 잘못하면 감옥까지 갈 수도 있습니다.

절세와 탈세는 본질적으로 완전히 다릅니다. 절세는 합법적으

로 세금을 줄이는 것이고, 탈세는 세법을 위배하거나 무시하면서
세금을 줄이는 것이니까요.

탈세는 쉽고 절세는 어렵다?

세금을 줄이고 싶으면 세법을 알아야 합니다. 세법이 어렵기는
하지만, 세법을 알아야 절세를 할 수 있고 세법에서 하지 말라는 것
을 하지 않을 수 있습니다. 반면, 탈세는 매우 쉽습니다. 눈만 딱 감
으면 원하는 대로 세금을 줄일 수 있으니까요. 현금 매출을 누락하
거나, 가족을 직원으로 고용한 것처럼 서류를 꾸며 인건비를 늘리
기도 합니다.

탈세와 절세 유형

탈세 유형	절세 유형
· 매출 누락 · 실제 지출하지 않은 경비 추가 · 실제 지출한 비용보다 부풀려 기재 · 허위 계약서 작성 · 공문서 위조	· 증빙 구비 · 적법한 소득공제, 세액공제 활용 · 조세지원제도 활용 · 적시 세금 신고 및 납부 · 조기 환급

국세청은 알고 있다

납세자들은 탈세의 유혹에 빠지기 쉽습니다. 탈세가 큰 문제가 아니라고 생각하는 경향도 많고요.

'설마 내가 걸리겠어? 혹시 걸리더라도 나중에 내면 되지.'

그러나 요즘은 세무 행정 업무가 전산화되어 국세청에서 납세자의 정보를 쉽게 분석할 수 있습니다. 국세청은 소득 계산의 적법성 및 정당성 여부를 국세청 전산시스템으로 분석한 다음, 상당한 문제가 있다고 판단되면 관할 세무서에 해당 내용을 통보합니다. 관할 세무서에서는 통보받은 내용을 근거로 납세자에게 해명을 요구하지요. 과세자료에 대해 제대로 해명하지 못하면 바로 과세가 이루어지고, 세무조사로 이어질 수 있습니다.

여기서 잠깐!　　　**국세청 전산시스템에서 분석하는 것들**

- 사업자가 신고한 소득 대비 재산취득 상황 검토
- 동종의 다른 사업자와 비교(부가가치율, 신용카드 매출 비율, 증명서류 제출 비율 등)
- 사업용 신용카드 사용 내역 분석 등

사업자 본인의 세무조사뿐만 아니라, 탈세 제보 또는 거래처의 세무조사 과정에서 탈세가 적발되는 경우도 상당히 많습니다.

지금 당장 세무조사가 나오지 않았다고 해서 아무 문제가 없다는 뜻은 아닙니다. 국세청은 납세자에 대한 정보를 차곡차곡 모아 두었다가, 한 번에 터뜨리려고 조용히 지켜보고 있습니다.

탈세 사실이 적발되면 사업자는 상당히 곤란한 상황에 빠집니다. 본세를 내는 것은 당연한 일이고, 사업을 접어야 할 만큼 많은 가산세를 부담할 수도 있기 때문입니다. 세무조사 때문에 폐업한다는 이야기가 괜히 나오는 게 아닙니다. 지금 당장 세금을 조금 덜 내려다가 영영 망할 수도 있습니다.

세법은 당연히 어렵습니다. 그러나 다행스럽게도 간단한 원칙 몇 가지만 기억하면 의외로 쉽게 절세할 수 있습니다. 절세는 뒤탈 없이 깔끔합니다. 그러니 차근차근 알아보고 법대로 해봅시다, 절세!

가산세만 안 내도 절세의 반은 성공이다!

03

배보다 배꼽이 더 큰 가산세

직장인은 연말정산을 1년에 한 번 하기 때문에 쉽고 간편하지만, 사업자는 사업으로 소득이 생기는 순간 스스로 세금을 신고하고 납부해야 합니다. 이를 제대로 하지 않으면 세법에서는 사업자에게 불이익을 줍니다. 대표적인 불이익이 바로 가산세입니다. 제 생각에 가산세를 내는 것은 절세에서 가히 최악입니다. 해야 할 것만 제대로 했다면 절대로 낼 일이 없었을 테니까요. 그래서 어쩌면 가장 쉬운 절세는 가산세를 내지 않는 것일지도 모릅니다.

지금부터 다양한 가산세 중 일부를 소개하겠습니다. 실제로 적용되는 가산세는 세금의 종류나 상황에 따라 조금씩 달라질 수 있으니, 여기서는 어떤 가산세가 있는지 정도만 알아두세요.

신고를 제대로 안 하면, 신고불성실가산세!

① 무신고가산세

모든 세금 신고(고지되는 세금 제외)에는 언제까지 신고해야 한다는 기한이 있습니다. 신고기한까지 신고서를 제출하지 않았다면 신고를 안 한 것이므로 무신고에 따른 가산세가 부과됩니다. 일반적인 경우, 무신고가산세는 다음과 같이 계산합니다.

- 일반무신고가산세 = 무신고 납부세액 × 20%
- 부정무신고가산세[1] = 무신고 납부세액 × 40%(60%[2])

② 과소신고가산세

신고서를 제때 제출하기는 했지만 그 신고한 과세표준이 신고해야 할 과세표준에 미달한 경우, 과세표준을 적게 신고한 것에 대한 가산세가 부과됩니다.

---

1 부정무신고: 다음과 같은 경우가 부정한 방법으로 무신고한 것에 해당합니다.
   - 이중장부의 작성 등 장부의 거짓 기장, 거짓 증빙 또는 거짓 문서의 작성, 거짓 증명 등 수취, 장부와 기록 파기, 재산을 은닉하거나 소득·수익·행위·거래의 조작 또는 은폐, 전사적 기업자원관리설비의 조작 또는 세금계산서의 조작, 그 밖에 위계에 의한 행위 또는 부정한 행위
2 역외거래에서 발생한 부정행위인 경우

- 일반과소신고가산세 = 과소신고납부세액 등 × 10%
- 부정과소신고가산세 = 부정행위로 인한 과소신고납세액 등
  × 40%(60%)

여기서 잠깐!　　　　　**수정신고를 빨리하는 것도 절세다!**

깜빡 잊고 신고를 놓치는 경우가 있습니다. 실수로 세금을 적게 신고할 수도 있고요. 설마 그럴 리가 있느냐고요? 네, 실제로 이런 단순 실수가 빈번하게 발생합니다. 단순히 실수했을 뿐인데 20%나 되는 가산세를 부담하라니, 정말 억울하고 속상하지요. 그래도 아직 기회는 있습니다. 신고기한을 놓쳤거나 세금을 적게 신고했다면, 알게 된 즉시 신고를 하세요. 신고기한으로부터 얼마나 빨리 신고하는지에 따라 신고불성실가산세를 감면받을 수 있으니까요. 잘못된 것을 빨리 바로잡는 것도 절세입니다.

① 신고기한까지 신고했으나, 이후에 수정신고를 한 경우

기간	1개월 내	1~3개월	3~6개월	6개월~1년	1~1.5년	1.5~2년
감면율	90%	75%	50%	30%	20%	10%

② 신고기한이 지난 후 신고한 경우

기간	1개월 내	1~3개월	3~6개월
감면율	50%	30%	20%

납부를 제대로 하지 않으면, 납부지연가산세!

신고는 제대로 해 놓고 세금을 내지 못할 수도 있습니다. 환급받아야 할 세액보다 많이 환급받은 경우도 있을 수 있고요. 이때는 늦게 냈거나 혹은 많이 환급받은 것에 대한 가산세가 부과됩니다. 일종의 지연이자라고 볼 수 있습니다. 늦게 내는 일수만큼 가산세가 증가하니, 체납한 세금을 빨리 내야 가산세를 줄일 수 있습니다.

- **납부지연가산세 = ① + ② + ③**
  ① 미납부(과소납부) 세액 × 0.022% × 경과일수(납부기한 다음 날~납부일)
  ② 초과 환급받은 세액 × 0.022% × 경과일수(환급받은 다음 날~납부일)
  ③ 납부고지서에 따른 납부기한까지 미납부(과소납부) 세액 × 3%

단, 납부고지서별·세목별 세액이 150만 원 미만일 때는 ①과 ②의 가산세가 적용되지 않습니다.

세금계산서가 문제라면, 세금계산서 불성실가산세!

사업자가 계산서와 세금계산서를 제대로 발급하지 않았거나, 제대로 발급받지 않았다면 무거운 가산세(공급가액의 0.3~3%)가 부과됩니다.

- 세금계산서 불성실가산세 = 공급가액 × 0.3~3%

기재된 내용이 사실과 다르거나 늦게 수수하는 것, 아예 수수하지 않았거나 가공·위장 수수하는 것, 전자세금계산서를 전송하지 않았거나 늦게 전송하는 것 등이 여기에 해당합니다.

적격 증명서류를 받지 않으면, 증빙불비가산세!

사업자(소규모사업자 및 소득금액이 추계되는 자 제외)가 재화나 용역을 공급받고 계산서·세금계산서·신용카드 매출전표·현금영수증 등의 적격 증명서류를 받지 않았을 때 부과됩니다.

여기서 잠깐!　　　　　　　　　　　　　　　　　**추계란?**

사업소득을 계산할 때, 장부에 기장하는 대신 수입금액의 일정 비율만큼을 필요경비(주요경비+기타경비)로 인정하는 경비율 제도를 활용하여 소득을 추정하는 방식을 말합니다.

- 증빙불비가산세 = 적격 증명서류 미수취금액 × 2%

기장을 하지 않으면, 무기장가산세!

사업자(소규모사업자 제외)가 간편장부 또는 복식부기에 의해 장부를 기록하지 않았거나, 미달하게 기록했을 때 부과됩니다.

- 무기장가산세 = 산출세액 × 무(미달)기장 소득금액 ÷ 종합소득금액 × 20%
- 무신고가산세 또는 과소신고가산세와 무기장가산세가 동시에 부과될 때는 큰 금액에 해당하는 가산세를 적용

사업자등록을 하지 않으면, 미등록가산세!

사업자가 사업을 개시한 날부터 20일 이내에 사업자등록을 신청하지 않으면, 사업을 개시한 날부터 등록을 신청한 날 직전일까지 매출액에 대해 1%(간이과세자는 매출액의 0.5%와 5만 원 중 큰 금액)를 가산세로 부담해야 합니다.

- 미등록가산세 = 매출액 × 1%
- 간이과세자 미등록가산세 = 다음의 ①, ② 중 큰 금액

  ① 매출액 × 0.5%

  ② 5만 원

사장님의 필수 세금, 04
소득세와 부가가치세

사업을 할 때 반드시 알아야 하는 세금이 두 가지 있습니다. 바로 소득세와 부가가치세입니다.

소득에 매기는 소득세

소득세는 직장인에게 아주 익숙한 세금입니다. 연말정산 덕분인데요, 연말정산은 월급을 받을 때마다 회사에서 미리 떼어 두었던 근로소득세를 최종적으로 정산하고 확정하는 것입니다.

소득세는 근로소득뿐만 아니라 사업해서 번 돈인 사업소득, 자산을 양도했을 때 발생하는 양도소득, 퇴직했을 때 받는 퇴직소득 등에도 부과됩니다. 소득의 종류에 따라 근로소득세, 사업소득세, 양도소득세, 퇴직소득세 등 이름을 붙이는 것일 뿐 소득에 매기는

'소득세'라는 측면에서는 모두 같습니다.

부가가치에 매기는 부가가치세

부가가치세(이하, 부가세)는 '부가가치'에 매기는 세금입니다. 직장인에게는 익숙하지 않은 세금이지요. 그렇지만 부가세는 사업할 때 가장 중요한 세금이기에 반드시 잘 알아둬야 합니다.

부가가치는 사업자가 '사업 활동에서 추가로 창출한 가치'를 말합니다. 원재료를 1,000원어치 사서 3,000원짜리 제품을 만들어 팔았다면, 2,000원(판매가격 3,000원 – 원재료비 1,000원)만큼 가치가 늘어난 셈입니다. 이때 증가한 2,000원이 바로 부가가치입니다.

재화나 용역을 판매한 금액(매출액)에서 그 재화나 용역을 만들기 위해 쓴 비용(매입액)을 빼면 부가가치를 계산할 수 있습니다(부가가치=매출액–매입액).

부가세는 부가가치에 세율을 곱하여 계산합니다. 우리나라의 부가세 세율은 10%(수출하는 경우 등 제외)이므로 부가세는 다음과 같이 계산합니다.

- (매출액 - 매입액) × 10%
- (매출액 × 10%) - (매입액 × 10%)

여기서 매출액의 10%는 매출한 금액에 대한 세금이라는 의미에서 '매출세액', 매입액의 10%는 매입한 금액에 대한 세금이라는 뜻으로 '매입세액'이라고 부릅니다. 결국 납부해야 하는 부가세는 다음과 같이 계산합니다.

부가세 계산

사업자는 이렇게 매출세액에서 매입세액을 빼고 남은 부가세(납부세액)를 세무서에 납부해야 합니다.

매출세액에서 매입세액을 빼고 남은 금액으로 부가세 납부세액을 계산하는 것은 실무적인 편의성 때문입니다. 사업자가 재화나 용역을 판매할 때마다 매번 그 제품의 부가가치를 계산하기란 불가능합니다. 제품을 만들거나 판매하는 데 들어가는 원가가 다양한데, 그것을 일일이 확인하면서 팔 수는 없지요. 그래서 편의상 재화나 용역을 판매할 때 10%의 부가세를 포함해서 대금을 청구합니다. 팔 때도 그렇지만 살 때도 마찬가지입니다. 세금이 포함된 가격으로 팔고, 세금이 포함된 가격으로 삽니다. 따라서 판매 리스트와 매입 리스트를 뽑으면 매출세액과 매입세액이 얼마인지 쉽게 계산할 수 있습니다. 부가세 납부세액 계산이 한결 수월해지는 것입니다.

벌었다고 다 같은 돈일까?　05
소득 구분하기!

절세 상품이 과세 상품으로 둔갑했다?

2000년대 초반 '골드뱅킹[3]'이 선풍적인 인기를 끌었습니다. 당시 은행들은 고객이 번 돈에 대해 소득세가 과세되지 않는 절세 상품으로 골드뱅킹을 소개했습니다. 그런데 2010년 11월에 난감한 상황이 벌어졌습니다. 기획재정부에서 골드뱅킹으로 얻은 소득에 대해 과세하라고 해석한 것입니다. 졸지에 은행들은 고객에게 거짓말한 셈이 되었고, 사후에 원천세와 가산세를 부담하는 난리를 겪었습니다.

3　골드뱅킹: 은행 계좌에 돈을 입금하면 국제 금값 시세에 맞춰 금 무게로 환산하여 적립해 주는 상품입니다. 고객이 계좌에 돈을 입금하면 입금일의 금 시세 등에 따른 금 상당액을 그램 단위로 통장에 기재하고, 나중에 고객이 인출을 요청할 경우 출금 당시 금 시세에 해당하는 현금이나 실제 금을 지급합니다.

절세 상품이 갑자기 과세 상품으로 바뀌다니, 믿기지는 않지만 실제로 벌어지는 일입니다. 왜 이런 일이 발생했을까요?

정해진 소득에만 과세한다!

세법에서는 과세할 수 있는 개인의 소득이 무엇인지 정해 놓았습니다. 소득이라고 해서 무조건 다 과세하지는 않는 것입니다. 법으로 정해진 소득에 대해서는 반드시 과세하지만, 법에 나열되지 않은 소득에 대해서는 과세할 수 없습니다. 그래서 소득 구분이 매우 중요합니다. 어떤 소득으로 구분하느냐에 따라 세금을 낼 수도 있고, 안 낼 수도 있기 때문입니다. 게다가 소득 구분에 따라 세금을 계산하는 방법도, 납부하는 방법도 다 다릅니다.

골드뱅킹은 새로운 상품인 만큼 소득 구분을 어떻게 할지 애매한 부분이 있었습니다. 처음에 은행에서는 골드뱅킹으로 얻는 소득이 세법에 과세 대상으로 열거되어 있지 않은 것으로 보았습니다. 그래서 절세 상품이라고 광고한 것이고요. 반면에 기획재정부는 해당 소득이 과세 대상인 배당소득에 해당한다고 해석한 것이지요. 소득 구분이 명확해짐에 따라 골드뱅킹은 비과세 상품에서 과세 상품으로 신분이 바뀌었습니다.

세법에서 과세할 수 있다고 정해 놓은 소득은 종합소득(이자·배당·사업·근로·연금·기타소득), 양도소득, 퇴직소득 등입니다.

소득 구분에 따라 달라지는 세금

소득이라고 다 같은 소득이 아닙니다. 어떤 소득인지에 따라 세금 부과 여부, 계산 방법, 납부 방법 등이 달라집니다. 예를 들어, 프리랜서가 인적용역(번역, 저술, 배달, 강연 등)을 제공하고 받은 소득도 어떻게 구분하느냐에 따라 세금이 달라집니다. 프리랜서가 사업적으로 용역을 제공하고 번 돈은 사업소득, 일시적이거나 우발적으로 제공하고 받은 대가는 기타소득입니다. 사업소득의 경우 반드시 종합소득세 신고를 해야 하지만, 기타소득의 경우 소득금액이 300만 원을 넘지 않으면 신고하지 않아도 됩니다. 즉, 번 돈이라고 모두 같은 돈은 아니라는 것을 반드시 기억해 두세요.

세금 미리 떼 갈게요, 원천징수와 원천세

06

세금 미리 떼는 원천징수

직장인이나 프리랜서라면 소득세만큼은 아니지만 자주 들어본 세금이 하나 더 있을 겁니다. 바로 '원천세'입니다. 원천세는 '원천 징수한 세금'을 줄인 말입니다. 이게 무슨 뜻인지를 알려면, '원천 징수'가 무엇인지를 우선 알아야 합니다.

소득세는 일반적으로 소득자가 자기 소득에 대한 세금을 직접 신고하고 납부하는 세금입니다. 그런데 소득을 지급하는 사람이 세 금을 미리 떼는 경우가 있습니다. 이것을 '원천징수'라고 부릅니다.

회사가 임직원에게 월급을 지급하는 경우를 떠올려 볼까요? 회 사는 정해진 월급에서 소득세를 제외하고(원천징수하고), 남은 금 액만 임직원에게 지급합니다. 이때 회사가 원천징수한 소득세가 원천세입니다. 프리랜서는 소득세 3.3%를 제외하고(원천징수하고)

35

남은 금액을 대가로 받는 경우가 많은데요, 여기서 3.3%로 계산한 소득세가 원천세입니다.

복잡한 원천징수 프로세스, 매번 해야 하는 것은 아니다!

내가 근로자나 프리랜서라면 소득을 받을 때 세금을 원천징수 당하게 됩니다. 세금을 떼고 나서 적은 돈을 받으니 기분은 좋지 않지만, 원천징수 자체로 번거롭지는 않습니다.

그러나 내가 소득을 지급하는 사업자라면 정해진 기한 내(다음 달 10일 등)에 원천징수 내용(원천징수이행상황신고서)을 과세관청에 신고해야 하고, 원천세를 기한 내에 은행에 납부해야 합니다. 그리고 소득자별로 지급한 소득의 내용과 금액, 원천징수한 세액 등을 정리해서(지급명세서) 정해진 시기까지 과세관청에 제출해야 합니다. 또한, 세금을 원천징수했다는 증명서류(원천징수영수증)를 소득자에게 발급해야 하고요. 이 단계까지 끝나야 원천징수 프로세스가 비로소 마무리됩니다.

원천징수 의무는 주로 사업자가 아닌 개인에게 소득을 지급할 때 발생합니다. 특히 직원에게 급여(근로소득)를 지급하거나, 프리랜서에게 용역을 공급한 대가(사업소득)를 지급할 때 원천징수를 고려하면 됩니다. 따라서 직원이 없거나, 외부에 대금을 지급할 일

원천징수 프로세스

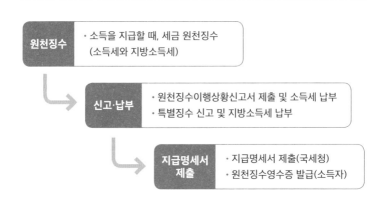

이 없다면 아직 원천세에 대해 크게 고민할 필요는 없습니다.

사업자가 다른 사업자로부터 재화 또는 서비스를 공급받고 대가를 지급한다면, 원천징수를 하는 게 아니라 세금계산서, 현금영수증, 카드영수증 등의 증빙을 받아야 합니다.

세금 종합선물 세트, 종합소득세   07

말 그대로 여러 소득을 종합하니까 '종합소득'!

과자를 종류별로 모아 놓은 것을 종합선물 세트라고 하지요. 세금에도 비슷한 것이 있습니다. 여러 가지 소득을 모아 놓은 '종합소득'과 종합소득에 대한 세금인 '종합소득세'가 그것입니다.

우리는 의외로 다양한 종류의 돈을 벌고 있습니다. 매월 받는 월급, 사업으로 번 돈, 은행 예금 이자, 배당금, 복권 당첨금, 블로그나 유튜브 등을 운영해서 들어오는 정산금도 있습니다. 이렇게 개인이 번 돈을 모두 '소득'이라고 부릅니다.

다양한 개인의 소득 중에서 특히 이자·배당·사업·근로·연금·기타소득, 이 여섯 가지를 종합해서 '종합소득'이라고 합니다. 종합소득을 줄여서 '종소'라고 부르는 경우가 많습니다.

종합소득 6가지

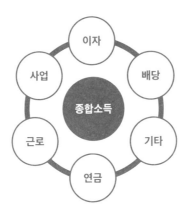

- **이자소득**: 돈을 맡긴 대가로 받는 이자(은행 이자)
- **배당소득**: 회사의 이익을 주주에게 분배하는 배당금
- **사업소득**: 사업자가 사업 활동을 영위해서 버는 돈
- **근로소득**: 근로의 대가로 받는 돈(월급, 상여금, 수당, 일당, 시급 등)
- **연금소득**: 매년 일정액을 받는 돈(연금으로 받는 돈)
- **기타소득**: 이자·배당·사업·근로·연금·퇴직·양도소득 등 이외에 과세 대상으로 열거된 '기타' 소득. 불규칙적이고 우발적인 소득(복권 당첨금, 일시적인 강연 대가, 인적용역을 일시적으로 제공하고 받은 대가 등)

종합소득세는 개인이 1년 동안(1월 1일~12월 31일) 번 여섯 가지 종합소득에 매기는 세금입니다. 매년 5월에 신고하며 흔히 '종소세 신고' 또는 '종소 신고'로 불립니다.

여기서 잠깐!

양도소득은 종합소득이 아니니, 소득세를 안 낼까?

부동산을 팔아서 돈을 번 사람을 생각해 봅시다. 자산을 양도하여 번 돈은 양도소득입니다. 그런데 종합소득 여섯 가지에는 양도소득이 포함되지 않아서 여기에 대해서는 종합소득세를 내지 않습니다. 이상하지요? 부동산을 팔 때 가장 고민되는 부분이 바로 소득세인데, 종합소득세를 내지 않는다니 이게 무슨 말일까요?

양도소득에 대해 종합소득세를 내지는 않지만, 대신 양도소득세를 냅니다. 양도소득은 어쩌다 한 번 자산을 팔아야만 발생하는 반면, 종합소득은 일정 기간에 걸쳐 계속해서 버는 소득입니다. 양도소득과 종합소득의 성격이 다르다 보니 세금을 계산하고 신고하는 방법도 서로 다른 것이지요.

나도 종합소득세 신고를 해야 하나?

근로소득만 있는 직장인이라면 종합소득세가 익숙하지 않을 것입니다. 연말정산까지 회사에서 알아서 다 해 주니 본인이 종합소득세를 신고할 일이 없지요. 그러나 직장인의 신분으로 다른 부수입이 생긴다면, 혹은 프리랜서라면, 혹은 사업을 시작했다면 반드시 종합소득세 신고를 염두에 두어야 합니다. 다음은 종합소득세 신고를 해야 하는 사람들입니다.

- 사업자등록을 하고 사업장을 운영하는 사업자
- 3.3%의 세금을 제하는 프리랜서(유튜버, 블로거, 강사, 작가, 번역가 등)
- 두 가지 이상의 종합소득이 있는 N잡러(직장인이 부업을 하는 경우 등)
- 연말정산에 반영하지 못한 공제 항목이 있어서 세금을 환급받고 싶은 직장인 등

N잡러라면 직업이 한 개 이상이니 근로소득, 사업소득, 기타소득 등 다양한 종합소득을 얻고 있을 겁니다. 과세 대상인 종합소득은 모두 합쳐서 세금을 신고해야 하는데, 혹시 일부라도 소득을 빠뜨린다면 가산세 폭탄을 맞을 수도 있습니다.

종합소득세 신고를 안 해도 되는 사람이 있다?

반대로 종합소득이 있다고 해서 모두가 다 종합소득세 신고를

해야 하는 것은 아닙니다. 종합소득세 신고에서 제외되는 경우는 다음과 같습니다.

- 근로소득만 있는 자로서 연말정산을 한 경우[4]
- 직전 과세기간의 수입금액이 7,500만 원 미만이고, 다른 소득이 없는 보험모집인·방문판매원 및 계약배달 판매원의 사업소득으로서 소속 회사에서 연말정산을 한 경우
- 퇴직소득, 연말정산 대상 사업소득만 있는 경우
- 비과세되거나 분리과세되는 소득만 있는 경우
- 기타소득금액이 연 300만 원 이하인 자로서 분리과세를 원하는 경우 등

만약 직장인이 주말에 프리랜서로 일하면서 돈을 벌었다고 칩시다. 이 경우 추가로 사업소득이 생겼기 때문에 근로소득과 사업소득을 합산하여 종합소득세 신고를 해야 합니다.

다른 예로, 직장인이 교수님의 요청에 따라 일시적으로 모교에

---

[4] 근로소득자가 다음에 해당하는 경우에는 종합소득 확정신고를 해야 합니다.
  - 2인 이상으로부터 받는 근로소득·공적연금소득·퇴직소득 또는 연말정산대상 사업소득이 있는 경우(주된 근무지에서 종된 근무지 소득을 합산하여 연말정산에 의해 소득세를 납부함으로써 확정신고로 납부할 세액이 없는 경우 제외)
  - 원천징수의무가 없는 근로소득 또는 퇴직소득이 있는 경우(납세조합이 연말정산에 의해 소득세를 납부한 자와 비거주 연예인 등의 용역 제공과 관련된 원천징수절차특례 규정에 따라 소득세를 납부한 경우 제외)
  - 연말정산을 하지 않은 경우

서 특강을 하고 강연료 100만 원을 받은 경우를 생각해 봅시다. 일시적으로 받은 강연료는 종합소득 중 기타소득에 해당합니다. 종합소득이 있으니 반드시 종합소득세 신고를 해야 할까요? 이 경우에는 기타소득금액이 300만 원 이하에 해당하기 때문에 종합소득세 신고를 하지 않을 수 있습니다. 참고로 여기서 '300만 원 이하'라는 기준은 받은 돈(강연료 100만 원)이 아니라, 필요경비(60만 원)를 빼고 남은 돈(40만 원)으로 판단합니다. 자세한 내용은 뒤에서 살펴보겠습니다.

여기서 잠깐!

합산하는 '종합과세'와 따로 계산하는 '분리과세'

'종합과세'는 과세 대상이 되는 소득을 합산해서 한 번에 세금을 계산하는 방식입니다. 종합소득세는 소득이 커질수록 높은 세율을 적용합니다. 따라서 종합과세를 하면 높은 세율을 적용받아 더 많은 세금을 부담하게 됩니다.

분리과세는 이름 그대로 다른 소득과 분리해서 세금을 계산하는 방식입니다. 이자·배당소득, 기타소득이 분리과세가 가능한 대표적인 소득인데요, 분리과세를 하면 소득을 받을 때 떼인 세금(원천세)만 내고 과세가 끝납니다.

많이 벌었으니
더 내세요

08

많이 벌수록 높아지는 소득세율

우리나라는 소득세를 계산할 때, 소득이 커질수록 적용되는 세율이 높아지는 누진세율 구조를 채택하고 있습니다.

과세표준 구간마다 세율이 다르고, 과세표준이 클수록 높은 세율이 적용됩니다. 세율이 높아지는 소득 구간별로 단계('소득 단계')를 나눠서 단계마다 해당하는 세율을 적용한 뒤, 계산한 금액을 합산하는 구조입니다.

소득세율은 다음과 같이 8개의 소득 단계에 따라 6%에서 45%까지 규정되어 있습니다.

소득에 따른 종합소득세 세율

단계	종합소득과세표준	세율(지방소득세 제외)
1	1,400만 원 이하	과세표준의 6%
2	1,400만 원 초과 ~ 5,000만 원 이하	84만 원+ 1,400만 원 초과 금액의 15%
3	5,000만 원 초과 ~ 8,800만 원 이하	624만 원+ 5,000만 원 초과 금액의 24%
4	8,800만 원 초과 ~ 1억 5,000만 원 이하	1,536만 원+ 8,800만 원 초과 금액의 35%
5	1억 5,000만 원 초과 ~ 3억원 이하	3,706만 원+ 1억 5,000만 원 초과 금액의 38%
6	3억 원 초과 ~ 5억 원 이하	9,406만 원+ 3억 원 초과 금액의 40%
7	5억 원 초과 ~ 10억 원 이하	1억 7,406만 원+ 5억 원 초과 금액의 42%
8	10억 원 초과	3억 8,406만 원+ 10억 원 초과 금액의 45%

과세표준이 8,000만 원인 경우, 소득 단계는 위 표에서 3단계에 해당합니다. 3단계의 소득세율은 24%입니다. 이때 소득세는 1,920만 원(= 8,000만 원 × 24%)이 아니라, 다음과 같이 1,344만 원입니다.

- 1,400만 원 × 6% + (5,000만 원 -1,400만 원) × 15% + (8,000만 원 –
  5,000만 원) × 24% = 624만 원 + (8,000만 원 – 5,000만 원) × 24%
  = 1,344만 원

누진세율 적용 구조

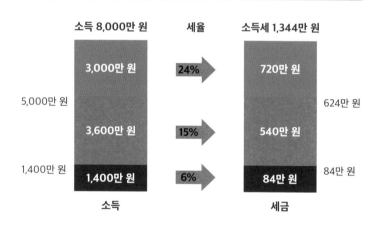

절세의 원리: 세율 낮추기

세금을 줄이려면 낮은 세율을 적용받아야 하고 그러려면 소득 단계를 낮춰야 합니다. 소득 단계가 올라가는 순간, 더 높은 세율이 적용되어 더 많은 세금을 내야 하기 때문입니다.

A의 과세표준이 8,600만 원, B는 8,800만 원, C는 9,000만 원인

경우를 생각해 보겠습니다. A와 B, B와 C의 과세표준 차이는 각각 200만 원으로 동일합니다. 그런데 A와 B의 세금 차이는 48만 원 (200만 원 × 24%)인 반면 B와 C의 세금 차이는 70만 원(200만 원 × 35%)입니다. C 입장에서는 소득 단계 때문에 A나 B보다 높은 세율을 적용하다 보니, 세금을 22만 원(70만 원 – 48만 원)이나 더 부담하는 셈입니다. 많이 벌수록 많이 내는 누진세율이 적용된 결과입니다.

소득세를 계산할 때 과세표준이 소득 단계의 경계에 있다면 비과세, 소득공제, 필요경비 등 과세표준을 낮출 수 있는 항목 중에서 빠진 것이 없는지 반드시 확인해야 합니다.

안 챙기면 결국 손해인 '적격증빙'

09

가장 쉬운 절세 비법, 적격증빙 챙기기!

세법을 모르더라도 누구나 쉽게 할 수 있는 절세 비법이 하나 있습니다. 바로 지출 증명서류(적격증빙)를 잘 챙기는 것입니다. 적격증빙이 있으면 사업에 쓴 비용을 필요경비로 인정받을 수 있습니다. 아니, 돈을 썼으면 당연히 경비로 인정해 줘야지 무슨 소리인가 싶기는 합니다. 그러나 쓰지도 않은 비용을 기재하여 소득을 줄여 신고하는 사람들 때문인지, 비용이 실제로 발생했다는 것을 증명하는 서류가 중요해졌습니다.

적격증빙은 어떤 대가를 지급했는지에 따라 다음과 같이 구분합니다.

① 원천징수 대상 소득을 지급한 경우

앞에서 다룬 원천세를 복습해 보겠습니다. 사업자는 직원에게 인건비를 지급하거나 프리랜서에게 용역대가를 지급할 때, 소득세를 원천징수해서 납부하고 지급명세서를 과세관청에 제출하는 한편, 소득자에게 원천징수영수증을 발급해야 합니다. 이때 원천징수영수증 또는 지급명세서는 소득을 지급했다는 증명서류가 됩니다. 따라서 소득세를 원천징수하고 원천징수 프로세스를 제대로 이행한 경우, 사업자는 적격증빙을 따로 구비하지 않더라도 해당 인건비나 용역대가를 필요경비로 인정받을 수 있습니다.

② 사업자에게 재화 또는 용역대가를 지급한 경우

사업자가 다른 사업자에게 재화나 용역을 공급받고 대금을 지급했다면, 적격증빙을 받아야 경비로 인정받을 수 있습니다. 세법에서 인정하는 적격증빙은 다음과 같습니다.

- **적격증빙**: 세금계산서, 계산서, 신용카드 매출전표, 현금영수증

적격증빙이 없다고 끝은 아니다!

적격증빙이 없더라도 그 비용을 지출한 사실을 확인할 수 있다

면 필요경비로 인정받을 수 있습니다. 대신 적격증빙이 없으니 가산세(2%)를 부담해야 합니다.

적격증빙 없이 필요경비로 인정받으려면 다른 증명서류(입금증, 계약서, 영수증 등)를 통해 경비의 지출 사실을 입증해야 합니다. 그러므로 적격증빙을 발급받기 어려운 상황이라면 거래대금은 가능하면 계좌이체로 지급하고, 간이영수증이나 일반 영수증이라도 받아 놓아야 합니다. 거래일자, 공급자의 사업자등록번호, 거래금액 등 거래내용을 명세서에 기재하여 거래 사실을 입증하기 위해서입니다.

소액이라면 적격증빙이 없어도 인정해 준다!

건당 1만~2만 원을 지출하고 일일이 적격증빙을 챙겨야 한다면 비효율적일 수 있습니다. 다행스럽게도 건당 3만 원(경조사비 건당 20만 원, 부가세 포함) 이하의 소액 지출에 대해서는 적격증빙이 아닌 간이영수증이나 일반 영수증만으로도 필요경비로 인정받을 수 있습니다.

모두가 적격증빙을 챙겨야만 하는 것은 아니다!

창업한 지 얼마 되지 않았거나, 아직 사업 규모가 크지 않은 사업자라면 적격증빙을 받아서 보관하는 것이 부담스러울 수 있습니다. 세법에서는 소규모사업자를 배려하는 규정을 두고 있는데요, 소규모사업자(신규사업자, 작년 수입금액이 4,800만 원 미만인 사업자, 소득금액을 추계[5]하여 신고하는 사업자 등)는 적격증빙이 없어도 사업상 지출한 비용을 경비로 인정받을 수 있습니다.

---

[5] 소득금액 추계에 대해서는 뒤에서 자세히 살펴보겠습니다.

내가 낸 세금,
어디로 갈까?

10

어디에 내는지에 따라 나뉜다, 국세와 지방세

우리나라에는 다양한 세금이 있습니다. 직장인은 월급을 받을 때마다 떼는 근로소득세가, 부동산을 매매해 본 사람은 취득세와 재산세, 종합부동산세가 익숙할 겁니다. 자동차를 보유한 사람이 매년 내는 자동차세, 증여받을 때 납부하는 증여세도 있습니다. 해외에서 명품을 샀거나 해외 직구를 이용했다면 관세도 납부해야 하고요. 이들 각각의 세금은 공통점이 없어 보이지만, 어디에 내는지에 따라 유사한 집단으로 묶어 볼 수 있습니다.

국세와 지방세가 대표적인데요, 국세는 정부에 내는 세금입니다. 국가 예산으로 사용하며 국가 전체의 유지와 발전을 위한 재원으로 활용합니다. 정부를 대표하여 국세를 징수하는 기관이 바로 국세청입니다. 지방세는 이름 그대로 지방자치단체(시청, 구청, 도

국세와 지방세

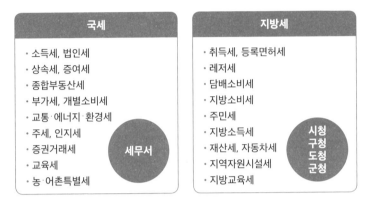

국세	지방세
· 소득세, 법인세	· 취득세, 등록면허세
· 상속세, 증여세	· 레저세
· 종합부동산세	· 담배소비세
· 부가세, 개별소비세	· 지방소비세
· 교통·에너지·환경세	· 주민세
· 주세, 인지세	· 지방소득세
· 증권거래세	· 재산세, 자동차세
· 교육세	· 지역자원시설세
· 농·어촌특별세	· 지방교육세
세무서	시청 구청 도청 군청

청, 군청)에 내는 세금입니다. 지방세는 시청이나 구청 등에서 지역 주민들과 지역 사회를 위해 사용합니다.

이렇게 세금을 관할하는 기관이 다르므로 국세와 관련된 일은 국세청이나 세무서에서, 지방세와 관련된 일은 지방자치단체에서 처리해야 합니다. 예를 들어, 국세인 부가세는 세무서에, 지방세인 취득세는 구청에 납부해야 하니 헷갈리지 않게 주의가 필요합니다.

소득세와 법인세, 상속세와 증여세, 종합부동산세, 부가세 등이 대표적인 국세입니다. 지방세에는 취득세, 재산세, 지방소득세, 자동차세 등이 있습니다.

N잡러의 국세 대표는 소득세, 지방세 대표는 지방소득세

직장인이 급여를 받을 때 부담하는 근로소득세는 소득세와 지방소득세로 구성됩니다. 두 세금 모두 소득에 대한 세금이지만, 소득세는 국세이고 지방소득세는 지방세입니다. N잡러, 프리랜서나 개인사업자 등도 소득(사업소득 또는 기타소득)이 있다면 소득세와 지방소득세를 납부해야 합니다.

소득세와 지방소득세 모두 과세표준은 '소득'입니다. 다만 세율이 조금 다른데요, 지방소득세율은 소득세율의 딱 10%입니다. 예를 들어, 소득세율이 6%일 때 지방소득세율은 0.6%입니다. 그래서 소득세율을 논할 때, 아예 지방소득세를 포함한 세율을 소득세율로 표시하기도 합니다. 소득세율이 15%라면 지방소득세율을 포함해서 소득세율을 16.5%(15%+1.5%)로 표시하는 것이지요.

- 소득세율(지방소득세 포함) = 소득세율 + (소득세율 × 10%)

공짜로 활용하는 세금 전문가, 홈택스

요즘은 인터넷이나 모바일로 할 수 있는 일이 참 많습니다. 강의를 듣거나 쇼핑을 하는 것은 물론이고 은행 업무나 주식 투자도 할 수 있지요. 세금도 예외는 아닙니다. 사업자등록신청부터 세금의 신고 및 납부, 서류 제출 등 인터넷으로 안 되는 것이 없습니다.

PC로 활용하는 국세청 홈택스

세금과 관련된 업무를 하려면 국세청 홈택스(www.hometax.go.kr)를 찾으면 됩니다. 홈택스에 접속하면 세무서에 가지 않더라도 언제 어디서나 인터넷을 통해 세금 신고·납부, 민원 증명서류 발급, 현금영수증 발급·조회, 전자세금계산서 발급·조회 등을 편리하게 할 수 있습니다. 각종 세금과 관련한 유용한 정보를 제공해 주고, 궁금한 게 있으면 상담도 해줍니다.

특히, 사업자라면 홈택스만 잘 활용해도 세무서나 은행에 가는 시간을 줄이고, 불필요한 수수료를 아낄 수 있습니다. 세금 전문가를 바로 옆에 두고 사업을 하는 것과 마찬가지입니다. 더구나 홈택스에서는 세금 신고를 어떻게 하는지, 홈택스를 어떻게 활

국세청 홈택스 홈페이지

용하면 좋은지 동영상까지 제공해 주니, 어렵지 않게 사용할 수 있습니다. 충분히 활용하고 써먹는 것이 남는 장사입니다. 그러니 일단 홈택스 회원가입부터 해 두는 것이 어떨까요?

• 개인: 주민등록번호로 발급받은 공동인증서, 휴대폰, 신용카드를 통한 본인인증 필요
• 사업자: 사업자등록번호로 발급받은 공동인증서, 전자세금계산서 발급용 보안카드로 인증 필요

사업을 처음 시작해서 사업 규모가 작다면 다양한 세금 신고를 사업자가 직접 해 보는 것도 좋습니다. 사업을 더 잘 이해할 수 있게 되고, 세금을 절약하는 방법을 스스로 터득하는 좋은 기회가 될 테니까요. 특히 홈택스를 통해 사업자가 직접 세금 신고를

하면, 적은 금액이지만 전자신고세액공제 혜택(부가세 확정신고 1만 원, 법인세 2만 원, 종합소득세 2만 원)도 받을 수 있으니 일석이조입니다.

핸드폰으로 활용하는 모바일 손택스!

한국은 모바일 강국이지요. PC로도 할 수 있는데, 핸드폰으로 세금을 신고하면 안 될까요? 됩니다! 손안에서 언제든지 세금 관련 서비스를 누릴 수 있다는 모바일 홈택스 앱, '손택스'를 다운받아 보세요. 정말 쉽고 편하게 잘 구성되어 있더라고요. 각종 자료를 조회하거나 신청하는 것은 물론, 세금계산서를 발행하거나 간단한 세금 신고를 하는 것 정도는 침대에 누워 핸드폰으로도 충분히 할 수 있습니다.

국세청 홈택스 모바일 앱인 손택스

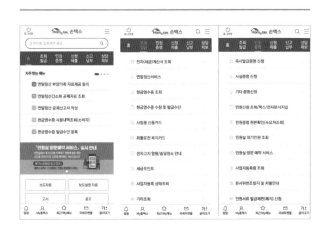

PART
2

나 홀로 해결해야 하는
프리랜서 & N잡러의 절세

사업자등록 없이 돈 버는 '프리랜서'

11

내가 곧 자산이다!

직장인이 부업을 시작할 때는 회사 생활을 하면서 병행하기 쉬운 업종을 찾는 경우가 많습니다. 시작할 때 큰돈이 들지 않고 시간만 투자해도 되는 일이 있다면 최상의 조건입니다. 유튜브나 블로그를 운영하는 것, 퇴근 후 배달을 하거나 강의하는 것, 웹소설이나 웹툰 등 원고를 쓰거나 번역하는 것 등 다양한 일이 있습니다. 이처럼 개인이 자기가 가진 기술, 학식, 정보 등을 타인에게 제공하는 용역을 '인적용역'이라고 합니다.

직장인이 회사에 제공하는 '근로용역'도 개인이 자신의 인적 자원을 활용한다는 점에서는 인적용역과 비슷하지만, 고용되어 종속적으로 제공한다는 점에서 차이가 납니다.

퇴근 후 편의점 또는 카페를 운영하거나, 쇼핑몰을 운영하며 커

피나 물건 등 재화를 파는 것은 인적용역을 제공하는 것이 아니라 판매사업(일반적인 사업자)을 하는 것입니다. 인적용역과 판매사업은 세금 측면에서는 전혀 다른 활동으로 본다는 것을 기억해 두세요. 이번 파트에서는 일반적인 사업자(재화의 판매 활동 등)의 세금에 비해 쉽고 간단한 프리랜서(부가세가 면제되는)의 세금에 대해 살펴보겠습니다.

사업자등록 안 해도 OK, 부가세 안 내도 OK

어딘가에 고용되지 않고 독립적으로 인적용역을 제공하는 사업자를 '프리랜서' 또는 '자유직업 소득자'라고 합니다. 프리랜서의 종류는 작가, 만화가, 연예인, 운동선수, 유튜버, 번역가, 방문판매업자, 보험모집인, 계약배달 판매원, 대리기사, 강연가 등 다양합니다. 사업자라면 당연히 사업자등록을 해야 하지만, 사업자등록을 하지 않더라도 가산세와 같은 불이익을 받지 않는 사업자가 있습니다. 바로 '부가세가 면제되는 사업자(주택임대사업자 제외[1])'입니다.

프리랜서가 다음의 요건을 모두 충족한다면, 부가세가 면세되

---

[1] 주택임대사업자는 면세사업자이지만, 사업자등록을 하지 않으면 가산세 등 불이익이 있습니다.

는 '면세사업자'에 해당합니다.

- 개인일 것
- 계속적·반복적으로 사업에만 이용하는 건축물이나 기계장치와 같은 사업 설비가 없을 것
- 근로자를 고용하지 않고 혼자서 용역을 공급할 것
- 독립된 자격일 것(근로계약이나 종속적인 계약이 없어야 함)

부가세가 면제되는 프리랜서('면세되는 프리랜서')는 사업자등록을 하지 않아도 불이익이 없습니다. 불이익이 없으니, 다른 이유가 없는 이상 굳이 사업자등록을 하지 않는 경우가 많습니다. 단, 사업자등록을 하지 않더라도 종합소득세 신고는 해야 합니다.

요약하면, 직원을 고용하지 않고 사무실 등이 없이 집에서 혼자 인적용역을 공급하는 개인 프리랜서는 면세사업자이며 사업자등

프리랜서의 면세 조건

록을 하지 않아도 됩니다. 직장인이 시작하기에 딱 좋은 부업 조건
이지요? 그러니 부업을 꿈꾼다면 우선 '면세되는 프리랜서'가 되어
봅시다.

여기서 잠깐!　　　　**프리랜서가 사업자등록을 하는 시점**

프리랜서의 사업 규모가 커져서 직원을 두거나 물적 시설(사무실, 별도
의 방송용 스튜디오 등)을 갖추게 되면, 부가세가 더 이상 면제되지 않습
니다. 이 경우 사업자등록을 해야 할 뿐만 아니라, 부가세를 납부해야 하
니 주의가 필요합니다. 특히 직원을 두게 되면 '4대 보험'과 원천세 문제
가 복잡해집니다. 자세한 내용은 뒤에서 살펴보겠습니다.

프리랜서 N잡러,
세금 얼마나 더 낼까?

12

돈 더 벌어 좋기는 한데, 세금도 더 낸다며?

N잡러들, 돈을 더 벌었으니 좋기는 한데 걱정과 의문이 생깁니다. '돈을 많이 벌면 벌수록 세금을 더 많이 낸다는데, 혹시 나도 세금을 더 많이 내야 하는 것은 아닐까?' 하고 말이지요.

이 질문에 대한 정답은 '사람마다 다르다'입니다. 추가로 번 돈이 어떤 소득인지, 세금이 얼마나 원천징수되었는지, 다른 소득은 얼마나 있는지 등 개인이 처한 상황에 따라 내야 할 세금이 달라집니다. 그래서 N잡러가 되면 무조건 세금을 더 내야 한다거나, 세금을 돌려받는다고 말하기는 어렵습니다.

세금을 더 낼지 말지는 종합소득세에 달려 있다!

앞에서 살펴본 종합소득세에 대해 복습해 볼까요? 직장인이 받는 월급은 종합소득 중에서 근로소득에 해당합니다. 기존에 받던 월급 외에 종합소득이 더 생겼다면, 직장인도 근로소득과 추가 소득을 합산해서 종합소득세 신고를 해야 합니다.

두 소득을 합산해서 계산한 세금(종합소득세)이 기존에 낸 세금(연말정산한 근로소득세 + 추가 소득에 대해 원천징수로 미리 뗀 세금)보다 많다면 세금을 더 내야 하고, 적다면 오히려 세금을 돌려받을 수도 있습니다.

프리랜서도 똑같다!

직장인이 아니라도 마찬가지입니다. 부가세가 면제되는 프리랜서는 일한 대가를 받을 때 소득세 3.3%(지방세 포함)를 제외하고(원천징수) 남은 돈을 받습니다. 1년간 번 돈에 대해 다음연도에 종합소득세를 신고하게 되는데요, 계산한 종합소득세가 기존에 낸 세금(3.3%)보다 많으면 세금을 더 내고 적으면 많이 낸 세금을 돌려받습니다.

어쨌든 돈은 더 벌고 볼 일!

세금을 더 내더라도 돈을 더 벌었으면 무조건 좋은 일입니다. 어차피 번 돈에서 세금을 내는 것이니, 돈을 벌었으면 내년에 낼 세금만큼 따로 떼어 적금 붓듯이 모아두면 좋습니다. 미리 낸 세금이 많다면 오히려 돌려받을 수도 있고요. 그러니 세금을 더 낼 것 같아서 미리 걱정할 필요는 없습니다. 세금이 무서워서 돈을 적게 벌 이유는 절.대. 없다는 것, 잊지 마세요.

사업소득 3.3% vs 기타소득 8.8%

13

N잡러의 소득 구분은 이렇게!

번 돈이라고 다 같은 돈은 아니라고 했습니다. 법으로 정해진 소득에만 과세될뿐더러 어떤 소득으로 보느냐에 따라 세금 계산 방법도 다 다르기 때문입니다. N잡러가 주로 헷갈리는 것은 근로소득, 사업소득, 그리고 기타소득입니다.

고용관계에 따라 받는 소득은 근로소득, 계속적이고 반복적인 사업 활동으로 버는 소득은 사업소득, 일시적이고 우발적으로 얻는 소득은 기타소득으로 구분합니다.

- **근로소득**: 고용관계
- **사업소득**: 계속적, 반복적
- **기타소득**: 일시적, 우발적

강의료의 소득 구분

	소득 원천	판단 근거	소득 구분
강의료	사내 실무 강의	고용관계	근로소득
	전문 강사의 강연료	계속적, 반복적	사업소득
	모교 실무 특강료	일시적, 우발적	기타소득

　강의료를 예로 들어보겠습니다. 직장인 A는 신입 사원을 대상으로 사내에서 실무 강의를 하고 회사로부터 강의료를 받습니다. 가끔 모교 후배들이나 대학원생들을 대상으로 특강을 하기도 합니다. A처럼 일시적으로 강의를 하는 것이 아니라, 아예 강의를 직업으로 하는 전문 강사도 많지요.

　사내에서 강의하고 받은 강의료는 회사에 근로를 제공하고 받은 돈이니, 근로소득입니다. 어쩌다 외부에서 특강을 하고 받은 강의료는 일시적이고 우발적으로 발생한 소득이어서 기타소득으로 구분합니다. 전문 강사들이 받는 강연료는 프리랜서의 사업소득에 해당합니다.

소득에 따라 적용하는 세율이 다르다?

근로소득은 회사에서 알아서 연말정산까지 다 해주니 크게 신경 쓸 부분이 없습니다. 그런데 사업소득과 기타소득이 말썽입니다. 사업소득과 기타소득의 경우 소득을 지급하는 자가 세금을 원천징수합니다. 기타소득에 대한 원천징수 세율은 일반적으로 지방세를 포함해서 22%[2]입니다. 프리랜서의 사업소득에 대한 원천징수 세율이 3.3%인 것과 비교하면 꽤 높아 보이지만, 여기에는 작은 함정이 숨어 있습니다. 사업소득은 지급총액(수입금액)에 세율을 적용하지만, 기타소득은 지급총액(수입금액)에서 필요경비를 빼고 남은 금액(소득금액)에 세율을 적용한다는 것입니다.

기타소득으로 구분하는 원고료는 원천징수할 때 묻지도 따지지도 않고 지급총액(수입금액)의 60%를 무조건 경비로 인정해 줍니다. 따라서 원천징수 대상이 되는 기타소득금액은 '수입금액 – (수입액 × 60%)'로 계산합니다. 여기에 22%의 세율을 적용해서 원천징수할 세금을 계산하는 것이지요. 결과적으로 기타소득에 대한 원천징수 세율을 사업소득처럼 지급액(수입금액)을 기준으로 환산하면 8.8%[(1-60%)×22%]가 됩니다.

---

[2] 복권당첨금이나 연금계좌의 연금외수령, 종교인소득 등에 대해서는 적용되는 세율이 다릅니다.

N잡러는 무조건 60%를 필요경비로 인정받는다?

직장인이나 프리랜서 등 N잡러는 인적용역을 부업으로 선택하는 경우가 많은데요, N잡러가 다음의 기타소득을 벌었다면 세금을 원천징수할 때 받은 금액(지급총액, 수입금액, 매출액 등)의 60%를 무조건 필요경비로 인정받을 수 있습니다. 만약 부업상 필요에 의해 실제로 발생한 필요경비가 있고 그 금액이 용역대가로 받은 돈의 60%보다 크다면, 실제 소요된 비용을 필요경비로 인정받을 수 있습니다.

- **일시적인 문예창작소득**: 원고료, 저작권사용료인 인세, 미술·음악 또는 사진에 속하는 창작품에 대해 받는 대가
- **기타 일시적인 인적용역**
  ① 강연료 등 대가를 받는 용역
  ② 라디오·TV 방송 등에서 해설·계몽 또는 연기의 심사 등을 하고 대가를 받는 용역
  ③ 변호사, 공인회계사, 세무사, 건축사, 측량사, 변리사, 그 밖에 전문적 지식 또는 특별한 기능을 가진 자가 그 지식 또는 기능을 활용하여 보수 또는 그 밖의 대가를 받고 제공하는 용역
  ④ 그 밖에 고용관계 없이 수당 등의 대가를 받고 제공하는 용역

사업소득(3.3%)이 기타소득(8.8%)보다 유리할까?

사업소득의 원천징수 세율이 3.3%이고, 기타소득은 8.8%이니 사업소득이 더 좋아 보인다고요? 꼭 그렇지도 않습니다. 3.3%나 8.8%는 원천징수 세율일 뿐입니다. 결국 종합소득세 신고까지 해 봐야 세금이 최종적으로 얼마인지 알 수 있습니다. 원천세를 많이 떼였다면 세금을 덜 낼 것이고, 적게 떼였다면 더 낸다는 차이가 있을 뿐 결과는 동일합니다.

기타소득이 유리할 때도 있다!

높은 소득세율을 적용받는 사람일수록 추가 소득을 종합소득세 신고에 합산하지 않는 게 유리합니다. 뒤에서 살펴보겠지만, 기타소득은 일정 기준 충족 시(기타소득금액이 300만 원 이하) 납세자가 해당 소득을 종합소득세 신고에 포함할지(종합과세) 말지(분리과세)를 선택할 수 있습니다. 본인의 선택에 따라 8.8%만 내고 세금 납부를 끝낼 수 있다는 이야기입니다. 그래서인지 소득 구분이 애매한 경우에는 사업소득(3.3%)보다 기타소득(8.8%)으로 인정받기를 원하는 사람들도 많습니다.

프리랜서 세금 신고
한눈에 파악하기

14

프리랜서 N잡러는 무조건 세금을 신고해야 할까?

근로소득 외에 추가 소득이 있는 N잡러는 무조건 세금 신고를 해야 할까요? N잡러는 어떤 경우에 세금을 신고해야 하는지, 이번 기회에 확실히 한번 짚어 봅시다.

① 근로소득 + 사업소득: 월급과 정기적인 N잡

프리랜서로 돈을 버는 경우에는 다음연도 5월에 근로소득과 사업소득을 합산하여 종합소득세를 신고[3]해야 합니다. 직장인이 퇴

---

3 종합소득세 신고 예외: 작년 1년간 수입이 7,500만 원 미만이고 다른 소득이 없는 보험모집인, 방문판매원 및 계약배달 판매원의 사업소득으로 소속 회사에서 연말정산을 한 경우에는 연말정산으로 과세 종료

근 후에 번역을 해서 번역료를 벌거나 책을 써서 인세를 받는 경우, 배달 아르바이트 등을 하는 경우가 여기에 해당합니다.

② 근로소득 + 근로소득: 월급과 월급

2곳 이상과 고용관계를 맺고 월급을 받는 사람도 있습니다. 이 경우, 한 직장에 다른 직장의 근로소득원천징수영수증을 제출하면 다른 직장의 소득까지 합산해서 연말정산을 할 수 있습니다. 물론 연말정산을 합산하지 않아도 무방합니다. 각 직장에서 연말정산을 따로 했다면, 본인이 다음연도 5월에 모든 근로소득을 합산하여 직접 종합소득세 신고를 해야 합니다.

③ 근로소득 + 기타소득: 월급과 비정기적인 N잡

직장인이 일시적이고 우발적으로 인적용역을 제공하고 대가(기타소득)를 받았다면, 기본적으로 종합소득세 신고를 해야 합니다. 단, 기타소득금액(수입금액-필요경비)이 300만 원 이하라면, 납세자가 기타소득을 종합소득세에 합산해서 신고할 것인지를 선택할 수 있습니다. 직장인이 취미로 블로그에 글을 올리고 가끔 광고료를 받는 경우가 여기에 해당합니다.

기타소득 300만 원 이하 N잡러가 꼭 알아야 할 절세팁

③의 경우에서 기타소득금액이 300만 원 이하인 N잡러의 절세팁입니다. 먼저 종합소득세를 계산할 때 적용하는 소득세율이 얼마인지 떠올려 봅시다. 소득세율(지방세 포함)은 단계별로 다음과 같습니다.

종합소득세 과세표준 및 세율

단계	종합소득과세표준	세율
1	1,400만 원 이하	6.6%
2	1,400만 원 초과 ~ 5,000만 원 이하	16.5%
3	5,000만 원 초과 ~ 8,800만 원 이하	26.4%
4	8,800만 원 초과 ~ 1억 5,000만 원 이하	38.5%
5	1억 5,000만 원 초과 ~ 3억 원 이하	41.0%
6	3억 원 초과 ~ 5억 원 이하	44.0%
7	5억 원 초과 ~ 10억 원 이하	46.2%
8	10억 원 초과	49.5%

기타소득에 대한 원천징수 세율은 기타소득금액의 22%입니다. 소득금액이 5,000만 원 이하라면 원천징수 세율(22%)이 소득세율(6.6% 또는 16.5%)보다 높습니다. 즉, 기타소득을 합산하여 계산한 종합소득금액이 5,000만 원 이하라면 기타소득에 대해 원천징수

된 세금이 종합소득세 계산액보다 많을 것입니다. 이 경우 기타소득을 합산하여 종합소득세를 신고하면 과다하게 납부한 세금을 돌려받을 수 있습니다.

반대로 기타소득을 합산한 소득금액이 5,000만 원을 넘는다면, 종합소득세를 계산할 때 26.4% 이상의 소득세율이 적용됩니다. 따라서 기타소득을 합산할 경우 4.4%(26.4%-22%) 이상의 세금을 추가로 내야 합니다. 이때는 합산 신고를 하지 않는 것이 유리합니다.

여기서 잠깐!

은행 이자를 조금 받았는데,
소득세를 신고해야 할까?

직장인도 예금이나 적금 상품에 가입할 수 있습니다. 주식 투자도 빈번하게 하지요. 예금에 가입하면 이자를, 주식에 투자하면 배당을 받을 수 있습니다. 이러한 이자와 배당은 금액이 얼마인지에 상관없이 종합소득의 당당한 한 축입니다. 여기서 잠깐! 종합소득이니까 내년 5월에 근로소득과 합산해서 종합소득세로 신고해야 하느냐고요?

이자소득이나 배당소득이 있다고 해서 무조건 종합소득에 합산하지는 않습니다. 이자소득과 배당소득을 금융소득이라고 하는데요, 금융소득은 2,000만 원 이하의 소액이라면 종합소득에 합산하지 않고, 소득을 지급하는 회사에서 원천징수하는 것만으로 과세가 종결됩니다(분리과세). 따라서 소득자가 별도로 신고할 필요는 없습니다. 물론 금융소득이 큰 경우에는 종합소득에 합산해서 소득세를 신고해야 하니 주의가 필요합니다.

프리랜서,
소득세 신고 걱정 끝!

15

N잡러가 알아야 할 세금 신고 3가지

앞서 N잡러가 알아야 하는 세금은 소득세와 부가세 2종이라고 했습니다. '면세되는 프리랜서'는 부가세가 면제되므로 우선 소득세만 신경 써도 됩니다. 소득세 신고는 원천징수, 연말정산, 종합소득세 신고의 3단계 절차를 거칩니다.

① 매 건 원천징수

돈을 받을 때마다 떼였던 세금인 원천세, 기억나지요? 근로소득과 면세되는 프리랜서의 사업소득(소득의 3.3%), 기타소득(수입금액의 8.8%)은 일부 예외가 있긴 하지만 대표적인 원천징수 대상 소득입니다.

② 다음연도 2월에 연말정산

근로소득과 일부 프리랜서(보험모집인, 방문판매원, 계약배달 판매원)의 사업소득에 대해서는 소득을 지급하는 자가 다음연도 2월에 연말정산을 하여 소득세를 신고합니다. 이 경우 다른 소득이 없다면 연말정산으로 과세가 종료됩니다.

③ 다음연도 5월에 종합소득세 신고

연말정산한 소득 외에 종합소득이 있는 경우, 다음연도 5월에 모든 종합소득을 합산하여 종합소득세를 신고해야 합니다. 면세되는 프리랜서라면 종합소득세를 신고하는 방법이 정말 쉬우니 부담을 가질 필요가 전혀 없습니다. 인터넷만 연결되어 있으면 누구나 쉽게 국세청 홈택스를 통해 신고할 수 있거든요. 해마다 5월이 되

소득세 신고 3단계

돈 받을 때 원천징수	· 누가? 소득 지급자가!
다음연도 2월 연말정산	· 누가? 소득 지급자가!
3개월 뒤 5월 종합소득세	· 누가? 소득을 합해서 내가!

면 국세청에서 보내주는 종합소득세 신고 안내문을 참고해서 그대로 따라 하면 됩니다.

세금! 그래서 더 내는 거야, 돌려받는 거야?

원천징수나 연말정산으로 뗀 세금은 종합소득세 신고를 하기 전까지는 미리 낸 세금에 불과합니다. 종합소득세를 계산하고 신고해야 비로소 세금 계산이 끝납니다. N잡러가 2월 연말정산 때 세금을 돌려받았다며 마냥 좋아할 일이 아니라는 말입니다. 5월에 추가 소득을 합산해서 계산한 종합소득세와 미리 낸 세금을 비교하여 더 냈다면 돈을 돌려받고(환급), 덜 냈다면 추가로 납부해야 합니다.

- **미리 낸 세금 〉 종합소득세: 환급**
- **미리 낸 세금 〈 종합소득세: 납부**

계획이 필요한 세금 납부 플랜

유명 프리랜서 아나운서 A는 방송국에서 퇴사 후 처음으로 종합소득세를 납부할 때, 세금 낼 돈이 없어서 가입했던 적금을 모두 해지했다고 합니다. 종합소득세 신고를 해 본 적이 없어서 세금 납부 일정을 미리 고려하지 못한 것이지요.

직장인일 때는 회사에서 매월 소득세를 원천징수하고 연말정산까지 해주니, 세금에 크게 신경 쓸 필요가 없습니다. 그러나 직장인이 부업으로 돈을 벌거나, 프리랜서로만 일하는 사람의 경우 소득의 3.3%만 세금으로 떼고 나머지 현금이 통장에 들어옵니다. 5월 종합소득세 신고 때 세금을 환급받는 경우라면 문제될 것이 없지만, 추가로 납부할 세금이 많다면 3.3%로 미리 낸 세금이 턱없이 부족할 겁니다. 따라서 프리랜서가 되면 내년 5월에 종합소득세를 내기 위해 거액의 현금이 필요할 수도 있으니, 세금 납부용 목돈 마련 적금에 가입하는 등 자금 계획을 미리 고민해야 합니다.

프리랜서 세금 줄이는 확실한 방법

16

프리랜서도 기장이란 걸 해야 할까?

소득세는 소득에 대해서 내는 세금입니다. 소득은 정확하게 계산해야 합니다. 그래야 소득세를 정확하게 계산할 수 있으니까요. 여기서 '소득'이란 벌어서 쓰고 남은 돈을 말합니다.

- 소득(남은 돈) = 수입금액(번 돈) - 필요경비(쓴 돈)

직장인이야 회사에서 받은 월급이 바로 내 소득이지만, 사업자라면 소득을 계산하는 과정이 간단하지 않습니다. 바로 '장부 기장 의무' 때문인데요, 사업자는 돈을 벌거나 쓸 때마다 그 내용을 하나하나 기록해야 합니다. 가계부를 쓰거나 회사가 장부에 거래를 기록하는 것처럼요. 이것을 '장부에 기록'한다고 해서 '기장'이라고 부릅니다. 기장을 하지 않으면 세금의 20% 정도가 가산세(무기장가산세)로 부과됩니다. 낯설고 어려운 기장을 안 하자니 가산세가 문제이고, 가산세를 내지 않으려면 기장업체를 고용해야 하는데 그러자니 돈이 문제입니다.

부업해서 돈 좀 벌어보겠다는데, 왜 이렇게 어려운 일이 많은지 한숨부터 나옵니다.

다만, 이제 막 부업을 시작하려는 N잡러라면 사업이 커지기 전까지는 기장에 대해 크게 걱정할 필요가 없습니다. 처음 사업을 개시한 사업자나 작년에 번 돈(수입금액)이 일정 금액(4,800만 원) 미만인 사업자('소규모사업자')의 경우, 기장을 하지 않더라도 가산세가 적용되지 않기 때문입니다.

장부가 없어도 세금은 무조건 내는 것

국세청 입장에서 생각해 봅시다. 사업자가 기장을 안 했다고 해서 세금을 걷지 않을 수는 없습니다. 기장을 했더라도 허위로 장부를 작성해서 소득을 적게 신고하는 사업자도 있을 겁니다. 이런 경우에 국세청이 자체적으로 사업자의 소득을 계산할 수 있는 장치가 하나 있습니다. 바로 번 돈의 일정 비율(경비율)만큼을 묻지도 따지지도 않고 필요경비로 인정해 주는 '경비율 제도'입니다.

- **경비율 제도**: 수입금액의 일정 비율만큼을 필요경비로 인정해 주는 것

경비율 제도를 활용하면 수입금액의 일정 비율만큼을 필요경비로 인정하므로, 얼마나 벌었는지만 알면 소득이 얼마인지 쉽게 계산할 수 있습니다. 이렇게 경비율을 활용하여 소득을 계산하는 것을 소득을 추정하여 계산한다고 해서 '추계'라고 합니다.

쓴 돈이 없어도 경비를 인정해 준다!

부업할 때 경비를 거의 쓰지 않는 N잡러가 많습니다. 특히 면세되는 프리랜서는 주로 집에서 혼자 사업을 하니, 경비가 거의 발생하지 않습니다. 경비가 많이 발생한다는 것 자체가 이상하지요. 일반적으로 사업자의 필요경비 중 많은 부분을 차지하는 것이 인건비, 임차료, 장비 사용료 등이니까요. 프리랜서에게 이런 비용이 발생했다면, 그 자체로 더 이상 면세사업자가 아닌 것으로 간주될 수 있습니다.

경비를 쓰지 않아 면세되는 프리랜서가 기장을 하면 소득이 크게 계산되고 납부할 세금도 많아집니다. 그런데 기장 대신 추계로 소득을 계산하면 경비율만큼은 무조건 경비로 인정받을 수 있습니다. 그만큼 소득이 적게 계산되어 낼 세금이 줄어듭니다. 쓴 돈이

없어도 합법적으로 경비를 인정받을 수 있으니 대환영이지요.

국세청은 과거의 소득 신고자료를 활용하여 매년 업종별로 계산한 경비율을 발표합니다. 그래서 사업마다 경비율이 다르고 연도마다 경비율이 달라질 수 있습니다. 경비율은 국세청 홈택스에서 언제든지 쉽고 간편하게 조회할 수 있으니 참고하세요.

다만, 소득을 추계로 계산한다는 것 자체가 기장 의무를 이행하지 않았다는 의미이므로, 수입금액이 커질 경우 무기장에 따른 가산세가 부과될 수 있음을 기억해야 합니다.

여기서 잠깐!　　　　**무조건 인정해 주는 필요경비 정리**

쓴 돈이 없어도 경비를 인정해 준다는 말, 어디서 들어본 적이 있지 않나요? 기타소득에 대해 원천징수할 때, 받은 돈의 60%만큼은 무조건 필요경비로 인정해 주고, 남은 금액에 대해 원천징수할 세금을 계산한다고 했습니다. 경비율 제도와 비슷하지만 그 내용을 살펴보면 다릅니다.

기타소득에 대한 원천세를 계산할 때 계산의 편의를 위해 일정 비율을 필요경비로 인정해 주는 거라면, 경비율은 사업자가 장부 기장을 하지 않았을 때 사업소득금액을 계산하기 위한 수단으로 사용합니다. 원천징수할 때 적용하는 필요경비율은 매번 동일하지만, 추계할 때의 경비율은 해마다 다르고 어떤 사업인지에 따라 다릅니다.

프리랜서 세금,
단순하게 계산해 봅시다!

17

수입에 따라 기준경비율과 단순경비율로 구분

경비율은 단순경비율과 기준경비율로 구분합니다. 단순경비율을 적용하면, 수입금액의 일정 비율만큼을 모두 필요경비로 인정해 줍니다. 계산 방법이 단순하고 경비율이 높은 편입니다.

단순경비율은 영세한 사업자에게서 버거운 기장 의무를 덜어주는 역할을 합니다. 따라서 수입금액이 일정 수준 미만인 사업자만 단순경비율을 적용할 수 있습니다. 돈을 잘 벌면 기장을 하든지, 기준경비율을 적용하라는 것이지요. 다만, 수입금액과 상관없이 전문직사업자, 현금영수증가맹점 미가입자, 신용카드·현금영수증 상습 발급 거부자는 단순경비율을 적용할 수 없습니다.

단순경비율은 업종별로 직전연도의 수입금액을 기준으로 적용 여부를 구분하되, 해당연도 수입금액이 기준[4]에 미달하는 경우에만 적용할 수 있습니다. 신규사업자는 해당연도 수입금액을 기준으로 판단합니다.

업종별 단순경비율 기준수입금액

업종	직전연도	해당연도
농업·임업·어업, 광업, 도소매업(상품중개업 제외), 부동산매매업, 기타	6,000만 원	3억 원
제조업, 숙박·음식점업, 전기·가스·증기·공기조절업, 수도·하수·폐기물처리·원료재생업, 주거용 건물개발·공급업, 운수업·창고업, 정보통신업, 금융·보험업, 상품중개업	3,600만 원	1억 5,000만 원
부동산임대업, 부동산업, 전문과학기술서비스업, 사업시설관리·사업지원·임대서비스업, 교육서비스업, 보건업·사회복지서비스업, 예술·스포츠·여가관련서비스업, 협회·단체, 수리·개인서비스업, 가구 내 고용활동	2,400만 원	7,500만 원

※ 면세되는 인적용역(개인서비스업)의 직전연도 기준수입금액은 3,600만 원, 해당연도 기준수입금액은 7,500만 원 적용

기준경비율을 적용하면 주요경비(재화의 매입, 임차료, 인건비)는 증빙으로 실제 쓴 사실을 확인할 수 있는 만큼만 경비로 인정하고, 기타경비는 경비율을 적용하여 계산한 금액을 경비로 인정합니다. 따라서 주요경비를 필요경비로 인정받으려면 증빙을 받아두어야 하는데, 단순경비율을 적용하는 것과 비교하면 훨씬 번거롭습니다.

---

4   뒤에서 살펴보겠지만, 해당연도 수입금액 기준은 복식부기의무자의 기준수입금액과 동일합니다.

기준경비율 vs 단순경비율

대상	주요경비	기타경비
기준경비율(일반사업자)	쓴 만큼(증빙)	수입금액 × 기준경비율
단순경비율(소규모사업자)	수입금액 × 단순경비율	

소득을 단순하게 계산하는 단순경비율 적용하기

단순경비율을 적용하여 소득을 계산하는 방법은 다음과 같이 매우 쉽습니다. 수입금액과 경비율만 알면 소득을 뚝딱 계산할 수 있습니다.

- 사업소득금액 = 수입금액 - (수입금액 × 단순경비율)

참고로 홈택스에서 단순경비율을 적용하여 종합소득세를 신고하면, 소득부터 세금까지 모든 계산이 자동으로 이루어집니다. 본인의 경비율이 얼마인지 선택할 필요도 없습니다. 그러니 계산 과정이나 경비율을 찾고 외우기 위해 애쓰지 않아도 됩니다. 계산의 원리를 이해하는 것만으로 충분합니다.

조금 특별한 프리랜서의 소득 계산법

단순경비율을 적용하려면 수입금액이 일정 수준 미만이어야 합니다. 업종마다 그 기준이 조금씩 다른데요, 면세되는 프리랜서(1인 프리랜서)는 직전연도의 수입금액이 3,600만 원 미만이고, 해당연도 수입금액이 7,500만 원 미만이라면 단순경비율 적용이 가능합니다.

그런데 프리랜서는 다른 사업자와 단순경비율을 적용하는 방법이 조금 다릅니다. 수입금액 4,000만 원까지는 기본율을 적용하고, 4,000만 원을 초과하는 금액에 대해서는 초과율을 적용합니다.

예를 들어, 서적방문판매원은 인적용역을 제공하는 프리랜서로서 단순경비율 기본율은 75%, 초과율은 65%입니다. 프리랜서인 서적방문판매원인 사업자 A와 B의 연간 수입금액이 각각 3,500만 원과 4,500만 원일 때 사업소득금액은 다음과 같이 계산합니다.

- A의 사업소득금액= 3,500만 원 - (3,500만 원 × 75%) = 875만 원
- B의 사업소득금액= 4,000만 원 - (4,000만 원 × 75%) + [500만 원 - (500만 원 × 65%)] = 1,175만 원

업종마다 경비율이 다르다?

너무나도 당연한 이야기이지만 업종마다 경비율이 모두 다릅니다. 사업마다 발생하는 비용이 다르다 보니 경비율도 다를 수밖에요. 다음은 업종별로 인적용역을 제공하는 사업자의 경비율(2023년 기준)을 몇 가지 요약한 것입니다.

업종코드는 국세청에서 업종별로 식별하기 쉽게 부여해 놓은 코드인데요, 다음의 코드는 모두 94로 시작합니다. 공교롭지요? 사실은 우연이 아니라 필연입니다. 인적용역을 제공하는 사업은 모두 94로 시작하는 업종코드를 부여받거든요.

인적용역 제공 사업자의 경비율

업종코드	세분류	세세분류	단순경비율	기준경비율
940100	저술가	작가	58.7%	11.2%
940306	기타자영업	1인미디어콘텐츠 창작자	64.1%	15.1%
940302	음악가 및 연예인	배우, 탤런트 등	29%	8.3%
940907	기타자영업	음료품배달원	80%	34.7%
940913	기타자영업	대리운전기사	73.7%	28.1%

N잡러는
4대 보험도 더 낼까?

18

세금은 아닌데, 세금인 척하는 4대 보험

직장인이 월급을 받을 때 세금만큼이나 부담스러운 공제 항목이 있으니, 바로 '4대 보험'입니다. 국민연금, 건강보험, 고용보험 및 산업재해보상보험('산재보험')의 '4대 사회보험'을 줄여서 4대 보험이라고 부릅니다. 직장인이 부업을 시작하면 4대 보험 처리가 달라질 수도 있으니, 이에 대해 간략히 살펴봅시다.

① 직장인의 국민연금과 건강보험

직장인은 국민연금과 건강보험을 '사업장가입자(직장가입자)' 자격으로 가입합니다. 사업장가입자의 국민연금과 건강보험료는 직장인과 회사가 반반씩 부담합니다. 그래서 매월 급여를 받을 때, 직장인이 부담해야 하는 보험료를 공제하고 남은 금액만 입금됩니다. 마치 원천세처럼요. 보험료의 절반을 회사에서 부담해 주니, '그나마 좋다'라고 긍정적으로 생각해 보면 어떨까요?

② 직장인의 고용보험과 산재보험

직장인은 고용보험과 산재보험에 의무적으로 가입해야 합니다. 고용보험료는 직장인과 회사가 나눠서 부담하지만, 산재보험료는 전액 회사가 냅니다.

N잡러, 4대 보험 더 내야 하나?

부업을 해도 4대 보험에 가입해야 할까? N잡러가 되면 보험료를 더 부담해야 하는 건 아닐까? 직장인인지, 직원을 고용했는지 등 본인의 상황에 따라 4대 보험의 부담 여부가 달라집니다. N잡러의 상황별로 4대 보험 가입 여부에 대해 살펴볼까요?

① 직장인 + 직장인

직장인이 2곳 이상에서 월급을 받는 경우입니다. 이 경우 고용보험을 제외한 국민연금, 건강보험, 산재보험은 모든 직장에서 각각 가입합니다. 고용보험은 이중 가입이 불가능하므로 월급이 많은 한 직장에서만 가입합니다.

② 직장인 + 1인 부업(직원 없음)

4대 보험에 가입된 직장인이 혼자서 부업으로 돈을 버는 경우입니다. 직장인이 1인 프리랜서로 활동하거나, 무인 편의점을 운영하는 것 등이 여기에 해당합니다. 이 경우에는 기존 직장에서만 4대 보험을 납부합니다. 다만, 근로소득을 제외한 소득이 2,000만 원을 초과할 경우 건강보험료가 추가로 부과됩니다.

③ 직장인 + 부업(직원 있음)

부업을 하며 직원을 1명 이상 고용하면 사업장이 생긴 것으로 봅니다. 따라서 기존 직장과 추가 사업장 모두에서 국민연금과 건강보험료(사업장가입자)를 납부합니다. (직원이 아닌 본인의) 고용보험과 산재보험은 기존 직장에서만 가입하면 됩니다.

그런데 직원을 고용했으면 이제 본인의 4대 보험은 문제가 아닙니다. 직원을 4대 보험에 가입시켜야 하고, 보험료를 원천징수해야 하는 등 복잡한 상황이 발생하기 때문이지요. 자세한 내용은 뒤에서 살펴보겠습니다.

④ 직장인이 아닌 사업자(프리랜서 포함)

직원이 없는 1인 사업자(프리랜서 포함)는 '지역가입자'로 국민연금과 건강보험료를 납부해야 합니다. 지역가입자는 사업장가입자와는 달리 보험료를 전액 본인이 부담합니다. 지역가입자의 건강보험료는 소득뿐만 아니라, 재산 보유 현황 등을 기준으로 계산하기 때문에 재산에 따라 건강보험료가 추가될 수도 있습니다. 직원을 1명 이상 고용한 사업자는 국민연금 및 건강보험료를 사업장 가입자로 납부합니다.

한편, 직장인이 아닌 사업자 본인은 고용보험 및 산재보험에 가입할 필요가 없습니다.

⑤ 고용보험 이중 취득이 가능한 노무제공자

다른 사람의 사업을 위해 노무를 제공하고 일정한 대가를 받는 '노무제공자(특수형태근로종사자)'는 산재보험과 고용보험에 가입해야 합니다. 택배기사, 퀵서비스기사, 대리운전기사, 방문판매원, 골프장 캐디, 방문 강사, 소프트웨어 기술자 등이 해당합니다. 보험료는 사업주와 노무제공자가 반반씩 부담합니다.

원래 직장인은 고용보험 이중 취득을 할 수 없지만, 노무제공자는 예외적으로 이중 취득이 가능합니다. 예를 들어, 직장인이 퇴근후, 대리운전기사로 돈을 벌 경우, 현 직장과 대리운전 사업장 각각에서 고용보험에 가입해야 합니다.

4대 보험은 복잡해서 일반인이 이해하기가 어려울 수 있습니다. 여기서는 직장인이 부업을 시작하면 4대 보험이 증가하는지만 기억해 두면 됩니다. 다음의 표는 직장인이 부업을 시작했을 때, 보험별로 추가 가입 여부를 요약해서 정리해 놓은 것입니다.

직장인 부업 시 4대 보험 추가 가입 여부

	국민연금	건강보험	고용보험	산재보험
직장+직장	○	○	×	○
직장+부업(직원×)	×	×	×	×
직장+부업(직원○)	○	○	×	×

블로거, 유튜버의 N잡 세금 신고

Q1. 직장을 다니고 있는데, 몇 개월 전부터 유튜브로 100만 ~200만 원의 월수입을 얻게 되었습니다. 세금 신고를 어떻게 해야 현명할까요?

1. 유튜버의 업종은?

유튜버는 영상 콘텐츠를 제작하여 영상 플랫폼을 통해 시청자에게 유통하면서 광고 수익(구글 애드센스), 후원금, 협찬금, 홍보 콘텐츠 제작 수익, 행사 및 강연 수익 등을 얻습니다. 유튜버의 업종은 근로자 고용 여부, 물적 시설 사용 여부 등에 따라 '1인미디어콘텐츠창작자' 또는 '미디어콘텐츠창작업'으로 나뉩니다.

유튜버의 업종코드

업종코드	분류	적용 범위
940306	1인미디어콘텐츠창작자(면세)	인적 시설과 물적 시설 ×
921505	미디어콘텐츠창작업(과세)	인적 시설 또는 물적 시설 ○

1인미디어콘텐츠창작자

별도의 시설 없이 집에서 혼자 방송하는 1인 유튜버는 부가세가 면제되며, 사업자등록을 하지 않아도 되고 종합소득세만 신고하면 됩니다.

미디어콘텐츠창작업

직원(시나리오 작성자, 영상 편집자 등)이 있거나 물적 시설(스튜디오 등)을 갖춘 유튜버는 부가세가 과세되며 사업자등록을 해야 합니다. 부가세 신고뿐만 아니라 종합소득세 신고도 해야 하고요.

2. 소득 구분이 가장 중요

세금 신고를 할 때 가장 중요한 것은 소득 구분입니다. 소득 구분에 따라 종합소득 신고 여부, 부가세 적용 여부, 세금 계산 방법 등 많은 것이 달라지기 때문입니다. 유튜버의 일시적이거나 우발적인 활동으로 발생하는 수입은 '기타소득', 유튜버가 콘텐츠를 반복적으로 계속 생산하여 발생하는 수입은 '사업소득'으로 구분합니다.

유튜버의 소득 구분은 초기에는 기타소득으로 시작했다가, 수입이 증가하면서 사업소득으로 바뀌는 경우가 많습니다. 유튜브 활동으로 소액의 광고 수익만 받는 경우, 일회성이거나 일시적으로 수입이 생기는 경우, 본업이 아닌 부수 수입 수준인 경우 등에는 해당 소득을 기타소득으로 구분합니다. 그러나 수입이 증가하거나, 수년간 지속해서 발생하거나, 협찬금 등 다른 수입이 생긴다면 사업소득으로 보아야 합니다.

3. 종합소득세 신고

프리랜서가 용역을 제공하고 대가를 받을 때, 일반적으로는 3.3%의 사업소득세가 원천징수됩니다. 이 세금은 프리랜서에게 대가를 지급하는 자가 국세청에 대신 납부하지요.

그런데 유튜버가 구글로부터 광고 수익(구글 애드센스)을 받을 때, 외국 회사인 구글은 한국 국세청에 원천세를 납부하지 않습니다. 그래서 3.3%의 원천세를 빼지 않고 수입을 전액 입금합니다. 외국에서 받은 수입이고 한국에 납부한 원천세가 없음에도 불구하고, 국내 유튜버는 매년 5월에 종합소득세를 신고해야 합니다.

종합소득세는 ① 사업소득금액을 계산한 뒤, ② 다른 종합소득과 합산한 과세표준에 세율을 곱하여 계산합니다.

① 사업소득금액 계산하기: 장부 기장은?

사업소득금액은 '번 돈에서 쓴 돈을 빼고 남은 돈'입니다. 번 돈과 쓴 돈이 얼마인지를 확인하기 위해 원칙적으로는 장부 기장을 해야 합니다. 그러나 기장을 하기 어려운 경우, 추계(경비율

적용)를 통해 간편하게 사업소득을 계산할 수 있습니다. 추계를 하면 수입의 일정 비율만큼을 필요경비로 인정받을 수 있습니다. 영상을 제작하고 업로드하는 과정에서 실제로 발생한 비용이 없더라도 비용을 인정해 주므로 세금을 줄일 수 있지요.

단, 직전연도 수입이 4,800만 원 이상이라면 기장하지 않은 세액의 20%가 가산세로 부과되니, 수입이 증가한다면 주의해야 합니다.

1년간 수입이 1,200만 원인 1인 유튜버의 사업소득금액은 다음과 같이 계산합니다(단순경비율 64.1% 적용 가정).

- 사업소득금액 = 수입금액 1,200만 원 − 필요경비 1,200만 원 × 64.1% = 430만 8,000원

② 종합소득세 계산하기

사업소득과 근로소득을 합산한 종합소득금액에 소득세율을 적용하여 종합소득세를 계산합니다. 연말정산으로 납부한 근로소득세, 국내에서 원천징수된 사업소득세(3.3%)나 기타소득세(8.8%), 해외에서 납부한 원천세 등은 이미 낸 세금이므로 납부할 종합소득세에서 차감해 줍니다.

사업소득금액과 종합소득세를 계산하는 과정이 복잡하게 느껴질 수도 있지만, 실제 신고는 국세청 홈택스에서 클릭 몇 번으로 간단하게 진행할 수 있으니 크게 부담을 가질 필요는 없습니다.

미국 기업인 구글은 유튜버가 미국 내 시청자로부터 얻은 수입을 사용료 소득으로 보아 소득세를 원천징수합니다. 이때 원천징수하는 세금은 구글이 미국 국세청에 납부하는 세금으로, 한국 국세청에 납부하는 3.3%의 원천세와는 다릅니다. 미국에서 낸 원천세는 유튜버가 한국에서 종합소득세를 신고할 때, 납부할 세액에서 공제(외국납부세액공제)받을 수 있습니다.

4. 부가세 신고

면세사업자

1인미디어콘텐츠창작자는 부가세가 면제되므로 부가세 신고를 할 필요가 없습니다. 다만, 부가세 면세사업자는 매년 '사업장현황신고'를 하는 것이 원칙입니다. 그런데 유튜버는 사업장현황신고를 하지 않아도 가산세가 부과되지 않기 때문에 사실상 신경 쓸 필요가 없습니다. 예외적으로 면세사업자로 사업자등록을 하고, 세금계산서나 계산서 등을 받은 것이 있다면 사업장현황신고가 필요할 수 있습니다.

과세사업자

근로자를 고용했거나, 물적 시설을 사용해서 유튜브를 운영하는 유튜버는 부가세가 면제되지 않습니다. 즉, 부가세 과세사업자로서 부가세를 내야 합니다. 1인미디어콘텐츠창작자라도 영세율(0%) 적용을 위해 면세 적용을 포기하면 과세사업자가 됩니다.

과세사업자인 유튜버는 매년 두 번씩 부가세 신고를 해야 합니다. 매출에 대한 부가세(매출세액)를 납부하는 대신, 매입에 대한 부가세(매입세액)를 공제받을 수 있습니다.

• 부가세 납부세액 = 매출세액 − 매입세액

그런데 구글로부터 받는 수익은 매출세액을 계산할 때, 부가세 세율을 0%(영세율)로 적용할 수 있습니다(수출). 매출세액이 0이니 매입세액이 있다면, 그만큼 세금을 돌려받을 수 있습니다(부가세와 관련한 내용은 뒤에서 자세히 살펴보겠습니다).

5. 절세팁

유튜버가 사업을 위해 많은 비용(촬영 장비, 스튜디오 임대, 비품 구입, 촬영 및 편집 인력 외주 등)을 지출한다면 ① 과세사업자로 사업자등록을 하고, ② 장부 기장을 통해 필요경비를 인정받는 것이 절세 측면에서 유리할 수 있습니다.

• 부가세: 면세사업자는 부가세가 면제되지만 그와 동시에 매입세액도 공제받지 못합니다. 유튜버가 과세사업자로 사업자 등록을 하면, 구글로부터 받은 수입에 대해서는 영세율을 적용하고 매입세액을 공제받아 세금을 돌려받을 수 있습니다.
• 소득세: 장부 기장을 하지 않으면 수입금액의 일정 비율만큼만 필요경비로 인정받을 수 있지만, 기장을 하면 실제로 발생한 비용을 필요경비로 인정받을 수 있습니다. 따라서 경비율을 적용해서 계산한 소득과 실제로 장부 기장을 했을 때의 소득을 비교하여 절세에 유리한 방법을 선택하세요.

Q2. 퇴근 후에 블로그를 운영하고 있는데, 어쩌다 한 번 광고 수익이 입금됩니다. 이 경우에도 세금을 신고해야 하나요?

1. 블로거의 소득 구분은?

블로그를 사업적으로 운영하면서 돈을 번다면 블로거의 소득(광고 수익, 협찬금 등)을 사업소득으로 구분하여, 위의 유튜버와 유사하게 세금 신고를 하면 됩니다. 그러나 취미로 블로그를 운영하면서 어쩌다 한 번 광고 수익이 입금되는 상황이라면 기타소득으로 볼 수 있습니다.

2. 네이버 애드포스트

네이버 애드포스트는 블로거에게 지급하는 광고 수익을 기타소득으로 분류합니다. 따라서 수익을 지급할 때, 수입의 8.8%(소득의 22%)를 소득세로 원천징수합니다.

연간 받은 광고 수익이 얼마이고 납부한 원천세가 얼마인지 궁금하다면 애드포스트에서 지급내역을 확인하거나, 네이버에서 기타소득으로 원천징수한 금액이 얼마인지 홈택스를 통해 확인할 수 있습니다.

3. 블로거는 얼마를 받았는지가 중요하다

300만 원 초과

기타소득금액이 300만 원(수입금액 750만 원)이 넘는다면, 다음 연도 5월에 근로소득금액과 기타소득금액을 합산하여 종합소득세를 신고해야 합니다.

300만 원 이하

기타소득금액이 300만 원(수입금액 750만 원) 이하라면 납세자가 종합소득에 합산해서 신고할 것인지 여부를 선택할 수 있습니다.

근로소득이 많아서 이미 세율이 22% 이상 적용된다면 기타소득을 합산하여 종합소득세 신고를 할 필요가 없습니다. 오히려 세금을 더 내야 하니까요.

그러나 근로소득과 기타소득을 합산했을 때 적용 세율 차이로 인해 세금이 오히려 줄어들 수도 있고, 특히 기타소득만 있는 경우라면 세금을 무조건 환급받을 수 있습니다. 그러니 기타소득이 있다면 번거롭더라도 세금을 환급받을 수 있는지, 홈택스에서 종합소득세를 계산해 볼 것을 권합니다. 계산해 봤더니 추가로 세금을 내야 할 것 같으면 합산해서 신고하지 않아도 되니까요.

Q3. 매달 100만 원 정도 수입이 들어오는 유튜버입니다. 수익이 조금씩 늘어날 것 같은데 어떤 준비를 해야 할까요?

1. 적격증빙 받아서 보관하기

1인 유튜버는 직전연도 수입금액이 3,600만 원(해당연도 7,500만 원) 미만인 경우에만 단순경비율을 적용할 수 있습니다. 수입금액이 기준금액을 넘어가면 단순경비율 대신 기준경비율을 적용합니다. 이 경우, 주요경비(재화의 매입, 임차료, 인건비)에 대해서는 적격증빙(세금계산서, 현금영수증, 신용카드 매출전표 등)이 있는 경우에만 필요경비로 인정받을 수 있습니다. 따라서 직전연도 수입금액이 기준금액을 넘었거나 해당연도 수입금액이 기준금액을 초과할 것으로 예상된다면, 연초부터 주요경비에 대해 적격증빙을 받아 보관해야 합니다.

업종코드	세세분류	단순경비율 (2023년 기준)	기준금액 (직전연도)	기준금액 (해당연도)
940306	1인미디어콘텐츠창작자 (면세)	64.1%	3,600만 원	7,500만 원
921505	미디어콘텐츠창작업 (과세)	73.8%	3,600만 원	1억 5,000만 원

2. 기장 필요 여부 검토

수입이 늘면서 비용도 증가하는지 살펴야 합니다. 비용이 증가하면 장부 기장을 하는 것이 절세에 유리할 수 있으니까요. 특히, 수입금액이 4,800만 원 이상이면 무기장에 따른 가산세가 부과되니 수입금액이 늘수록 장부 기장을 하는 것도 고려해야 합니다.

3. 부가세 과세 전환 여부 검토

현재 1인 유튜버로서 부가세 면제를 적용받는 사업자라면, 수입의 증가와 함께 비용도 증가할 경우 부가세 과세 전환 여부를 고민해야 합니다. 구글 애드센스 수입의 경우 영세율을 적용받을 수 있는 데다, 과세사업자는 비용에 대한 매입세액을 공제받을 수 있기 때문입니다. 비용 증가로 인해 환급받을 세금이 많아진다면, 과감하게 부가세 면세를 포기하고 과세사업자로 사업자 등록을 하는 것도 절세의 한 가지 방법입니다.

PART
3

시작부터 절세하는
똑똑한 사업자등록!

사업자등록,
진정한 사업의 시작!

19

세금 특별대우는 이제 그만!

퇴근 후 틈틈이 부업으로 돈을 벌던 직장인에게 사업을 확장할지 말지를 고민하는 행복한 순간이 찾아왔습니다.

오직 개인의 노동력만으로 사업을 하던 프리랜서가 물적 시설이나 직원의 도움을 받게 되면, 더 이상 세금에서 특별대우를 받을수 없습니다. 다양한 자원을 활용함으로써 돈도 더 많이 벌고, 그만큼 사업에서 창출하는 부가가치가 크게 늘었다고 보기 때문입니다. 그래서 이전에는 면제받았던 부가세를 이제는 내야 합니다. 그동안에는 추계로 소득을 계산해서 소득세를 신고했다면, 이제는 장부를 작성해서 정확하게 소득을 계산해야 합니다.

이제 본격적인 사업자의 길로 들어섰습니다. 지금까지는 사업자등록을 하지 않아도 뭐라고 하는 사람이 없었지만, 앞으로는 사업자등록도 해야 하고, 세금에도 한층 더 신경 써야 합니다.

사업의 시작, 사업자등록

새로운 생명이 탄생하면 부모는 주민센터에서 출생신고를 해야 합니다. 출생신고를 하지 않으면 그 사람은 서류상으로 존재하지 않는 사람이 되지요.

사업도 마찬가지입니다. 사업을 시작할 때, 사업자는 세무서에서 사업자등록을 신청해야 합니다. 사업자등록을 하지 않으면 다양한 가산세가 부과될 뿐만 아니라 사업을 할 때도 많은 어려움을 겪게 됩니다. 그래서 '사업은 사업자등록으로 시작한다'고 해도 과언이 아닙니다.

사업자등록은 사업자가 사업에 관한 내용을 세무서에 등록하는 것으로 사업 개시일로부터 20일 이내에 해야 합니다. 신규로 사업을 시작할 때는 사업 개시 전이라도 사업자등록을 신청할 수 있습니다. 사업자등록 절차는 의외로 간단한데요, 다음의 필요서류를 가지고 직접 세무서에 방문하거나 국세청 홈택스를 통해 간단하게 신청할 수 있습니다.

- 사업자등록신청서
- 임대차계약서 사본(사업장을 임차한 경우)
- 허가·등록·신고증 사본(인허가 등 사업) 등
  - 허가(등록·신고) 전에 등록하는 경우 허가(등록)신청서 등 사본 또는 사업계획서
- 동업계약서(공동사업자인 경우)
- 자금출처 명세서(금지금 도·소매업, 액체·기체연료 도·소매업, 재사용 재료 수집 및 판매업, 과세유흥장소 영위자)

※ 재외국민·외국인 등의 경우 다음의 서류 추가

- 재외국민등록부등본, 외국인등록증(또는 여권) 사본
- 사업장 내에 통상적으로 주재하지 않거나 6개월 이상 국외체류 시: 납세 관리인 설정 신고서

절세 노릇 톡톡히 할 사업자등록증 만들기 20

사업자등록 3대 고민 해결하기

사업자등록을 하면 사업자등록증을 받을 수 있습니다. 사업자로 잘 등록되었다는 것을 보여주는 신분증이라고 볼 수 있습니다. 사업자등록증에는 사업에 관한 중요 정보가 가득 담겨 있습니다.

- 사업장 정보(상호, 대표자 이름, 개업일, 사업자등록번호, 사업장 주소 등)
- 법인사업자 또는 개인사업자 여부
- 면세사업자 또는 과세사업자 여부
- 간이과세자 또는 일반과세자 여부
- 사업의 종류(업태와 종목, 업종) 등

사업자등록증

[별지 제7호 서식(1)] (2014. 3. 14. 개정)

사 업 자 등 록 증

(   )

등록번호:

① 상호: ② 성명:

③ 개업 연월일: 년   월   일   ④ 생년월일:

⑤ 사업장 소재지:

⑥ 사업의 종류: | 업태 | | 종목 | | 생산요소 |

⑦ 발급 사유:

⑧ 공동사업자:

⑨ 주류판매신고번호:

⑩ 사업자 단위 과세 적용사업자 여부: 여(   ) 부(   )

⑪ 전자세금계산서 전용 전자우편주소:

년   월   일

○○세무서장 | 직인 |

사업에 관한 중요 정보는 대부분 사업자등록 신청서를 세무서에 제출하는 시점에 사업자의 선택으로 결정됩니다. 그래서 사업자등록을 할 때는 신중해야 합니다. 상호나 주소는 본인이 잘 결정하면 되는데 면세와 과세, 간이과세와 일반과세 등 조금 낯선 항목을 선택하는 게 문제입니다. 사업자등록 시 알아야 할 중요 개념 세가지(면세, 간이과세, 업종)를 확인해 봅시다.

여기서 잠깐!　　　　　　　　　**사업의 아이디, 사업자등록번호**

사업자등록을 하면 10자리(000-00-00000)로 된 사업자등록번호가 부여됩니다. 이것은 사업장을 식별할 수 있는 고유의 아이디인데요, 숫자를 부여하는 체계가 있어서 이 번호만 알아도 사업자의 정보를 일부 확인할 수 있습니다.

첫 세 자리는 등록할 당시의 관할 세무서 코드입니다. 그래서 사업자등록번호만 봐도 영등포 세무서(107), 제주 세무서(616) 등 관할 세무서를 확인할 수 있습니다.

가운데 두 자리는 개인과 법인을 구분하는 코드입니다. 개인사업자의 경우 과세사업자(01~79), 면세사업자(90~99), 종교단체(89), 다단계판매원(80) 등이고 법인사업자는 영리법인 본점(81, 86, 87, 88), 비영리법인 본지점(82), 국가·지방자치단체 등(83), 외국법인의 본 지점 및 연락사무소(84), 영리법인 지점(85)입니다.

마지막 다섯 자리는 등록한 순서에 따라 개별적으로 부여하는 숫자입니다.

① 면세인가, 과세인가? (면세와 과세)

사업자등록을 할 때 일반과세자인지, 면세사업자인지를 결정해야 합니다. 면세라고 하면 모든 세금이 면제될 것처럼 보이지만, 안타깝게도 면제되는 세금은 오직 부가세뿐입니다. 면세사업자라도 종합소득세는 당연히 납부해야 합니다.

부가세라도 안 내는 게 어디인가요? 누구나 면세사업자가 되고 싶을 겁니다. 그러나 아무나 면세사업자가 될 수는 없습니다. 국민의 복리후생 등 공익을 위한 목적으로 일부 사업에 대해서만 제한적으로 부가세를 면제해 주거든요. 농·수산물, 도서, 교육 용역, 의료·보건 용역 등을 공급하는 농부나 어부, 출판사, 학교, 병원 등이 대표적인 면세사업자입니다.

그런데 본인이 하는 사업이 위에 열거한 면세사업에 해당한다면, 과세사업자가 되고 싶어도 될 수 없습니다. 일부 예외적인 경우[1]에만 면세 포기 절차를 거쳐서 과세사업자로 전환할 수 있을 뿐입니다.

따라서 사업자등록을 할 때는 본인이 하고자 하는 사업이 면세사업인지, 과세사업인지 확인해야 합니다.

---

[1] 면세 포기가 가능한 경우
- 영세율이 적용되는 재화 또는 용역의 공급
- 학술연구단체가 그 연구와 관련하여 실비 또는 무상으로 공급하는 재화 또는 용역

면세사업자도 사업자등록을 해야 할까?

면세사업자는 주택임대사업자를 제외하고는 사업자등록을 하지 않아도 가산세가 없습니다. 불이익이 크지 않으니, 사업자등록 없이 사업을 하는 면세사업자(프리랜서 등)도 있습니다.

그러나 가산세 여부와 상관없이 사업자는 사업자등록을 하는 것이 원칙입니다. 업종에 따라 사업자등록이 필수인 경우도 있고요. 게다가 사업자등록을 하지 않으면 적격증빙인 계산서를 발급할 수 없기 때문에 사업자와 거래 시 곤란을 겪을 수 있습니다. 또한, 사업자등록을 하지 않으면 세제 혜택(창업중소기업 세액감면 등)을 받지 못할 수 있습니다. 사업의 규모가 커지고, 거래상대방이 많다면 사업자등록을 하는 것이 자연스럽습니다.

② 매출액이 얼마인가? (일반과세와 간이과세)

과세사업자는 사업자등록을 할 때, '간이과세 적용 신고 여부'를 선택할 수 있습니다. 소규모 개인사업자는 부가세를 신고하고 납부할 여건이 되지 않는 경우가 많습니다. 신고 대행을 맡기더라도 수수료가 부담스럽고요. 이러한 소규모 개인사업자의 세금 부담을 덜어주고, 부가세 신고와 납부를 쉽게 할 수 있도록 한 것이 '간이과세'입니다.

간혹 간이과세 개념을 면세와 착각하는 사람들이 있습니다. 간이과세자는 면세되어서 부가세를 내지 않는다고 말이지요. 그러나 간이과세도 '과세'입니다. 조금 간편한 방법으로 세금을 계산하고 일반과세자보다는 적은 세금을 납부하긴 하지만요. 물론 간이과세자는 해당연도 공급대가가 4,800만 원 미만이라면 부가세를 안 냅니다. 이것은 납부 의무가 면제되는 것이지 부가세 자체가 면제되는 것은 아닙니다. 간이과세자도 엄연히 과세사업자임을 기억해 두세요.

일반과세자와 간이과세자의 특징은 각각 다음과 같습니다.

일반과세자 vs 간이과세자

구분	일반과세자	간이과세자
매출액	공급가액(부가세 제외)	공급대가(부가세 포함)
매출세액	공급가액×10%	공급대가×부가가치율×10%
매입세액공제	공급가액×10%	공급대가×0.5%
환급 여부	가능	불가능
세금계산서 발급 의무	있음	있음(단, 직전연도 공급대가 4,800만 원 미만은 발급 불가능)
납부면제	없음	있음(해당연도 공급대가 4,800만 원 미만)
의제매입세액공제	적용 가능	적용 배제

간이과세는 부가세를 포함한 작년 한 해의 매출액이 1억 400만

원(부동산임대업 및 과세유흥장소: 4,800만 원) ('간이과세 기준금액') 미만인 경우에 적용할 수 있습니다. 신규사업자가 간이과세자로(첫해 공급대가 합계액이 간이과세 기준금액에 미달할 것으로 예상) 사업자 등록을 신청했다면 최초 과세기간(1월 1일~12월 31일)에 대해서는 간이과세를 적용합니다. 다만, 매출액이 작더라도 다음과 같은 경우에는 간이과세를 적용받을 수 없으니 주의해야 합니다.

- 간이과세가 적용되지 않는 다른 사업장을 보유한 사업자
- 업종, 규모, 지역 등을 고려하여 지정하는 사업자
  - 광업, 제조업(과자점업, 도정업·제분업 및 떡류 제조업 중 떡방앗간, 양복·양장·양화점업 등은 제외)
  - 도매업(소매업 겸영 포함, 재생용 재료수집 및 판매업 제외) 및 상품중개업, 부동산매매업
  - 특별시·광역시 및 특별자치시, 행정시 및 시 지역과 국세청장이 고시하는 지역의 과세유흥장소(직전연도 공급가액 4,800만 원 이상)
  - 국세청장이 정하는 규모 이상의 부동산임대업(직전연도 공급가액 4,800만 원 이상)
  - 변호사업·공인회계사업·건축사업·의사업·약사업 등 전문사업서비스업, 심판변론인업, 변리사업, 법무사업, 공인회계사업, 세무사업, 경영지도사업, 기술지도사업, 감정평가사업, 손해사정인업, 통관업, 기술사업, 건축사업, 도선사업, 측량사업, 공인노무사업, 의사업, 한의사업, 약

사업, 한약사업, 수의사업과 그 밖에 이와 유사한 사업서비스업('간이
과세가 배제되는 전문직사업자')

- 전전연도 기준 복식부기의무자가 경영하는 사업
- 일반과세자로부터 양수한 사업(사업을 양수한 후 공급대가의 합계액
이 1억 400만 원에 미달하는 경우 제외)
- 전기·가스·증기 및 수도 사업

여기서 잠깐! **부동산임대사업자는 건물 가격이 올라도
간이과세를 적용할 수 없다?**

부동산임대사업자는 임대하는 건물의 면적이 기준면적보다 넓으면 간
이과세를 적용할 수 없습니다. 특히, 건물의 제곱미터당 공시지가가 높
을수록 기준면적이 좁습니다. 예를 들어, 어떤 지역에서 간이과세를 적
용하지 못하는 부동산임대업 기준이 다음과 같다고 칩시다.

m²당 공시지가	기준면적(건물 m²)
1,000만 원 이상	62m²
950만 원 이상	70m²

임대사업자 A가 건물의 m²당 공시지가가 950만 원이고 면적이 65m²
인 건물을 임대할 경우, A는 간이과세자(기준면적 70m²)입니다. 그런데

다음연도에 해당 건물의 m²당 공시지가가 1,000만 원 이상으로 오르면, 기준면적은 62m²로 바뀝니다. 사업자 A는 같은 면적을 같은 가격에 임대하더라도 기준면적(62m²) 보다 넓은 면적(65m²)을 임대하는 셈이 되어 간이과세를 적용할 수 없습니다. 반대로 공시지가가 하락하면 간이과세를 적용할 수도 있습니다.

사업자등록을 신청할 때는 매출액이 얼마나 될지를 추측해서 간이과세 적용 여부를 선택하면 됩니다. 한 번 선택한 것을 계속 적용하는 것은 아닙니다. 매출액의 변동에 따라 매년 다시 판정합니다.

또한 최초에는 간이과세를 선택했더라도, 사업자가 임의로 간이과세를 포기할 수도 있습니다. 간이과세 적용이 가능한 사업자가 간이과세를 선택하지 않아도 무방합니다.

③ 무슨 사업을 하는가? (업태와 종목)

사업자등록을 신청할 때 어떤 사업을 할 것인지, 사업의 형태(업태)와 종류(종목)를 결정해야 합니다. 업태와 종목을 합쳐서 '업종'이라고 부릅니다.

업태는 어떤 방식으로 돈을 버는지에 따라 사업의 형태를 분류해 놓은 것으로 도매업, 서비스업, 건설업, 제조업 등이 있습니다. 업종은 사업의 종류를 세분화해 놓은 것입니다. 예를 들어, 편의점을 운영한다면, 업태는 소매업, 업종은 체인화편의점(업종코드

521992)이 됩니다.

업종코드는 국세청이 한국표준산업분류에 맞춰 업종을 식별할 수 있도록 만든 6자리 번호입니다. 국세청 홈택스에서 쉽게 조회할 수 있습니다. 업종코드와 업태, 업종을 구분하는 기준까지 쉽고 간편하게 검색할 수 있어 납세자가 업종을 선택할 때 도움을 받을 수 있습니다.

뒤에서 살펴보겠지만, 업종에 따라 세금이 달라질 수 있습니다 (경비율, 세액감면, 간이과세 배제 여부, 기장 의무 등). 따라서 업종의 선택은 매우 중요합니다. 가능하다면 절세에 도움이 되는 업종을 선택하는 것이 좋습니다.

물론 절세에 유리하다고 해서 무작정 아무 업종이나 선택하면 안 되겠지요. 예를 들면, 실제로 사업하는 범위 내에서 업종을 고르되, 선택할 수 있는 업종이 여럿이라면 경비율이 높은 업종이 절세에 유리할 수 있습니다.

직장인이 사업자등록 할 때

21

직장인이 사업자등록을 할 수 있을까?

회사에 재직 중인 직장인이 회사와 별개로 사업자등록을 할 수 있을까요? 네, 직장인도 사업자등록을 할 수 있습니다. 사실 직장인이 아닌 누구라도 사업자등록을 할 수 있지요.

다만, 회사의 취업 규칙이나 사규, 경영 방식 등에 따라 직원의 부업이나 겸직에 대한 제약이 있을 수 있습니다. 이런 경우에는 직원의 사업자등록이 문제가 될 수 있으니, 회사 내부 규정을 반드시 살펴보도록 합니다.

회사가 나의 사업자등록을 알 수 있을까?

국세청은 개인의 사업자등록 여부를 회사에 통보하지 않습니다. 따라서 회사가 직원의 사업자등록 여부를 알기는 쉽지 않습니다. 사업에서 발생한 채무를 상환하지 못해 월급이 압류되는 등 특별한 상황이 아니라면요.

회사는 내가 밖에서 얼마나 버는지 알 수 없다!

회사에서 근로소득 연말정산을 할 때, 혹시 나의 사업소득이 얼마인지를 회사에 제출해야 하는 게 아닌지 궁금해하는 사람들이 있습니다.

회사에서는 회사가 지급한 근로소득에 대해서만 연말정산을 하며, 직장인은 사업소득에 대한 정보를 회사에 제출할 의무가 없습니다. 그렇다고 국세청이 회사에 개인의 소득정보를 알려 주는 것도 아니고요. 따라서 회사는 근로소득 외에 개인의 다른 소득이 얼마인지 알 수 없습니다.

대신 직장인은 다음연도 5월에 1년간의 사업소득과 근로소득을 합산하여 세무서에 직접 종합소득세 신고를 하면 됩니다.

사업자등록을 하면 4대 보험이 달라질까?

　직장인이 사업자등록을 하더라도 직원을 고용하지 않았다면, 기존 직장에서 납부하던 보험료('보수월액')만 납부하므로 4대 보험이 크게 달라지지 않습니다. 물론 근로소득 외의 소득이 2,000만 원을 초과할 경우, 건강보험료('소득월액')가 추가로 부과되어 개인

여기서 잠깐!

소득월액 건강보험료를 냈다면 회사가 부업 사실을 알 수 있을까?

직장인은 근로소득 외 소득이 2,000만 원을 초과하면 소득월액 건강보험료를 내야 합니다. 이 보험료는 회사를 통해 납부하는 것이 아니라 개인의 주소지로 고지되기 때문에, 개인이 소득월액 보험료를 내고 있다는 사실을 회사가 알 수는 없습니다.

다만, 근로소득 연말정산 서류 중 건강보험료 관련 증명서류에는 소득월액 건강보험료 납부액이 표시됩니다. 따라서 회사가 연말정산 과정에서 개인의 보험료 납부 사실을 알게 될 수는 있습니다.

소득월액 건강보험료는 사업소득뿐만 아니라 배당소득, 이자소득, 기타소득 등 다른 소득을 합산한 금액이 2,000만 원을 초과하면 부과되는 보험료입니다. 따라서 소득월액 건강보험료를 납부한다는 것 자체가 부업의 근거가 될 수는 없습니다. 투자를 잘해서 배당소득이나 이자소득이 생겼을 수도 있으니까요.

에게 고지서가 날아오긴 하지만요.

그런데 사업장에서 직원을 고용하면 상황이 달라집니다. 이때
는 기존 직장뿐만 아니라 사업자등록을 한 사업장에서도 사업자의
국민연금과 보수월액 건강보험료를 납부해야 합니다. 게다가 직원
을 4대 보험에 가입시키고 보험료도 납부해 줘야 하니, 신경 쓸 일
이 많아집니다.

직원을 고용하면 회사가 알게 될 수도 있다!

일반적으로 회사는 직원의 사업자등록 사실이나 부업 여부 등
을 알기가 어렵습니다. 그러나 직장인이 개인 사업장에서 직원을
한 명 이상 고용하여 개인 사업장에서도 국민연금과 건강보험료를
납부하게 되는 것이 문제입니다. 이 경우, 간접적으로 부업 사실이
회사에 알려질 수 있습니다.

① 국민연금 변동 사항이 회사에 통지될 수 있다?

국민연금 보험료는 매월 버는 돈이 많다고 해서 무작정 많이 내
는 것이 아니라, 일정 소득(2024년 기준 617만 원, '기준소득월액 상한
액')까지만 부담합니다. 즉, 매월 납부하는 최대 보험료가 정해져 있
습니다. 만약 직장과 개인 사업장에서 버는 소득을 합산한 금액이

기준소득월액 상한액보다 적다면 각각 보험료를 납부하면 됩니다.

그런데 직장과 사업장의 합산 소득이 기준소득월액 상한액을 초과하면 고민이 시작됩니다. 최대 보험료는 정해져 있는데, 직장과 개인 사업장에서 각각 얼마나 보험료를 부담할지가 애매해지기 때문이지요. 특히 국민연금 보험료는 직원과 회사가 반씩 부담하는 구조라서 사업장별로 부담하는 보험료가 중요합니다.

국민연금공단에서는 국민연금을 2개 이상 가입한 사람('둘 이상 가입자')의 기준소득월액이 합산하여 상한액을 초과할 경우, 최대 보험료를 소득 비율에 따라 조정한 뒤 회사와 개인 사업장에 개인별 보험료 변동 사항을 통지합니다. 이 경우 회사는 해당 직원이 다른 회사에 이중으로 취업했거나, 혹은 다른 사업장에서 국민연금에 추가로 가입했음을 추측할 수 있습니다.

② 근로소득 연말정산 서류는 알고 있다

직장인은 매년 초가 되면 회사에 연말정산 서류를 제출합니다. 국세청에서는 '연말정산 간소화 서비스'를 통해 일괄적으로 증명서류를 제공하는데요, 그중 직장인이 1년 동안 부담한 4대 보험료가 얼마인지 증명해 주는 서류가 있습니다. 이 증명서류는 직장인이 회사 및 다른 사업장에서 부담한 4대 보험료를 합산해서 보여줍니다. 따라서 회사가 연말정산 증명서류상의 보험료를 회사의 원천징수 기록과 비교해 본다면, 직장인의 부업 사실을 유추할 수 있습니다. 단, 이 경우에도 어디에서 어떤 일을 하며 얼마나 돈을 벌었는지 등 정확한 정보는 알 수 없습니다.

N잡러에게 유리한 업종이 있다?

22

어떤 업종으로 사업자등록을 해야 할까?

본인이 하고자 하는 사업에 따라 실질에 가장 부합하는 업종을 고르면 됩니다. 나중에 업종을 추가하거나 변경할 수도 있습니다. 선택지가 여러 개라면 유리한 업종을 고르는 게 좋겠지요?

현재 부업하는 직장인이라면 집중!

직장인이 프리랜서 등 부업으로 돈을 벌다가 드디어 처음으로 사업자등록을 하려고 할 때, 참고할 수 있는 업종코드를 몇 가지 살펴보겠습니다.

유튜버는 인적 또는 물적 시설이 있는지에 따라 미디어콘텐츠

128

업종 선택 예시

업종코드	업태-세분류	세세분류	예시
525101	도소매업 -통신판매업	전자상거래 소매업(과세)	온라인 통신망(SNS 제외)을 통해 상품을 소매
525104	도소매업 -통신판매업	SNS마켓 (과세)	블로그, 카페 등 SNS 채널을 이용해 물품 판매, 구매, 알선, 중개 등을 통해 수익 창출
525105	도소매업 -통신판매업	해외직구대행업 (과세)	온라인 몰을 통해 해외에서 구매 가능한 재화 등에 대한 정보를 제공하고, 대리 구매 후 수수료를 받아 수익 창출
743002	전문,과학 및 기술서비스업 -광고대행업	광고대행업 (과세)	광고주를 대리하여 광고에 관련된 시장 조사, 광고 기획, 광고물 제작, 광고 계약, 광고물을 매체에 광고하는 업무 총괄 대행
921505	정보통신업 -영화, 비디오물 및 방송프로그 램 제작업	미디어콘텐츠 창작업(과세)	인적 또는 물적 시설을 갖추고 인터넷 기반으로 다양한 주제의 영상 콘텐츠 등을 창작, 이를 영상 플랫폼에 업로드하여 시청자에게 유통함으로써 수익 창출
940306	개인서비스업 -기타자영업	1인미디어콘텐츠 창작자(면세)	인적 또는 물적 시설 없이 인터넷 기반으로 다양한 주제의 콘텐츠 등을 창작, 이를 영상 플랫폼에 업로드하여 시청자에게 유통함으로써 수익 창출
940909	개인서비스업 -기타자영업	기타자영업 (면세)	독립된 자격으로 고정보수를 받지 않고, 그 실적에 따라 수수료를 받는 인적용역

창작업(921505) 또는 1인미디어콘텐츠창작자(940306) 중에 선택할 수 있습니다. 블로그 등을 통해 수익을 창출한다면 광고대행업(743002), SNS마켓(525104), 기타자영업(940909) 등을 고려해 볼 만합니다. 상품 판매와 관련해서는 오픈마켓에서 상품을 판매할 경우에는 전자상거래소매업(525101), SNS 채널을 이용해 물품을 판매하거나 중개할 경우에는 SNS마켓, 해외직구를 주선한다면 해외직구대행업(525105) 등을 선택할 수 있습니다.

어떤 업종이 유리할까요?

업종을 선택할 때는 여러 가지를 고려해야 합니다.

부가세 면제

개인의 인적용역처럼 부가세가 면제되는 업종이 있습니다. 부가세 면제가 우선순위라면 기타 개인서비스업의 업종코드를 선택하는 것이 유리합니다. 예를 들어 유튜버의 경우 1인미디어콘텐츠창작자는 부가세 면세, 미디어콘텐츠창작업은 부가세 과세입니다.

부가세 영세율

수출하는 사업자, 외국과 거래하여 외화로 입금받는 사업자 등은 부가세 영세율을 적용받을 수 있습니다. 영세율은 부가세가 0% 세율로 '과세'되는 것입니다. 따라서 영세율을 적용받으려면 부가세 과세 업종을 선택하면 됩니다. 예를 들어, 외화를 입금받는 유튜버가 미디어콘텐츠창작업을 선택하면 부가세 영세율을 적용받을 수 있습니다. 다만, 면세 업종이더라도 영세율 조건을 충족할 경우 면세를 포기하고 영세율을 적용받을 수 있습니다.

경비율

유사한 업종이라면 단순경비율이 높은 업종이 소득세를 줄이는 데 도움이 됩니다. 미디어콘텐츠창작업의 단순경비율이 1인미디어콘텐츠창작자보다 높습니다. 즉, 소득세를 계산할 때 단순경비율이 높은 미디어콘텐츠창작업이 비용을 더 많이 인정받아 소득세가 줄어듭니다.

미디어콘텐츠창작업 vs 1인미디어콘텐츠창작자 단순경비율

업종코드	업태	세세분류	단순경비율 (2023년 기준)
921505	정보통신업	미디어콘텐츠창작업	73.8%
940306	개인서비스업	1인미디어콘텐츠창작자	64.1%

업종을 잘 골라야 세액감면 받는다!

사업자등록을 잘해야만 적용받을 수 있는 세제 혜택이 있습니다. '창업중소기업 등에 대한 세액감면'이 대표적인데요, 사업자가 사업자등록을 할 때부터 제조업, 통신판매업, 정보통신업 등 세액감면 대상 업종으로 창업하면 혜택을 받을 수 있습니다. 예를 들어 인터넷 오픈마켓을 운영하고자 한다면, 사업자등록을 할 때 일반 도소매업보다는 감면 대상 업종인 전자상거래소매업(525101, 통신판매업)을 선택하는 것이 절세에 유리합니다. 자세한 내용은 뒤에서 살펴보겠습니다.

혜택 많은 면세사업자, 나의 업종은?

23

면세사업자, 아무나 할 수는 없다

부가세 면제는 특별한 혜택입니다. 아무나 혜택을 받을 수는 없습니다. 공익사업을 한다거나, 국민 삶의 질을 높이는 데 도움이 되는 등 특별한 목적이 있는 경우에 제한적으로 면세를 적용해 주기 때문입니다.

면세사업자도 사업자이니 사업자등록을 해야 하지만, 사업자등록을 하지 않더라도 미등록에 대한 가산세는 적용되지 않습니다. 다만, 예외적으로 주택임대사업자는 면세사업자이지만 사업자등록을 하지 않으면 가산세가 부과됩니다.

참고로 다음과 같은 재화나 용역을 공급하는 사업자가 면세를 적용받습니다.

부가세 면제 대상 사업 영역

구분	면제 대상
기초생활필수품 및 용역	미가공식료품, 농·축·수·임산물, 수돗물, 연탄 및 무연탄, 여객 운송용역, 주택과 그 부수토지의 임대용역, 여성용 생리처리 위생용품, 공동주택 어린이집 임대용역
국민후생	의료보건용역, 혈액, 교육용역 등
문화	도서·신문·잡지·통신 및 방송 등(광고 제외), 예술창작품·예술 행사·문화행사·비직업 운동경기, 도서관·과학관·박물관·미술 관·동물원·식물원 입장 등
부가가치요소	토지, 금융·보험용역, 인적용역
조세정책 공익목적	우표, 인지, 증지, 복권 및 공중전화, 특수용 담배, 공익단체가 무상 또는 실비로 공급하는 재화 또는 용역, 국가 등이 공급하 는 재화 또는 용역, 국가 등에 무상으로 공급하는 재화 또는 용역
조세특례제한법	특수용도 석유류, 공장, 광산, 학교 등의 구내식당 음식용역, 시내버스 운수종사자에게 위탁형태로 제공되는 음식용역, 농· 어업 대행용역, 국민주택 및 국민주택 건설용역·리모델링용 역, 관리주체, 경비업자 또는 청소업자가 공동주택에 공급하 는 일반관리용역·경비용역 및 청소용역, 정부업무 대행단체가 공급하는 재화 또는 용역, 간이과세자에게 제공되는 개인택 시, 희귀병 치료제, 영유아용 기저귀와 분유 등

특별한 면세사업자, 1인 프리랜서

앞에서 살펴본 대로 면세되는 프리랜서는 조금 특별합니다. 물적 시설(사무실, 별도의 방송용 스튜디오 등)이 없는 1인 사업자가 부가세가 과세되는 인적용역을 제공할 경우, 부가세를 면제해 주거든요. 그래서 직원을 두거나 물적 시설을 갖추게 되면 면세 혜택이 사라집니다. 그때부터는 인적용역에도 부가세가 과세됩니다.

면세사업자는 세금계산서 대신 계산서

과세사업자는 상대방에게 거래 증빙으로 세금계산서를 발급해야 합니다. 세금계산서에는 공급자와 거래상대방의 정보, 공급가액과 부가세 등 다양하고 중요한 정보가 담깁니다.

면세사업자도 세금계산서를 발급해야 할까요? 사업자가 면세사업자로 사업자등록을 했다면 세금계산서 대신 '계산서'라는 증빙을 발급해야 합니다. 세금계산서와 거의 비슷한데, 부가세를 기재하지 않는다는 점만 다릅니다. 계산서의 발급과 관련한 내용은 세금계산서와 거의 유사하니, 뒷부분의 세금계산서 내용을 참고하세요.

그런데 그간 면세되는 프리랜서로 부업을 해온 N잡러라면 당황스러울 수 있습니다. 지금까지 계산서를 발행해 본 적이 없을 테니까요. 그러나 너무 걱정하지 마세요.

먼저, 사업자등록을 하지 않았다면 계산서를 발행할 수 없습니다. 만약 면세사업자로 사업자등록을 했다면 원칙적으로는 계산서를 발급해야 하지만, 예외 규정이 있습니다.

3.3%를 떼는 세금을 떠올려 봅시다. 사업자가 면세되는 프리랜서에게 용역대가를 지급할 때는 세금(3.3%)을 원천징수하고 원천징수영수증을 발급해야 하는데요, 이 경우 소득자인 프리랜서는 계산서를 발급한 것으로 인정받을 수 있습니다. 원천징수영수증으로 거래 사실을 충분히 증명할 수 있으니 계산서 발급을 생략할 수 있는 겁니다(단, 면세사업자가 계산서를 발급하더라도 소득을 지급하는 사업자의 원천징수 의무가 없어지지는 않음).

여기서 잠깐! 　　　　　　　**면세점과 면세사업의 차이는?**

관세라는 세금이 있습니다. 관세는 해외에서 수입하는 물건이 국내에서 사용되는 것을 전제로 해서 붙는 세금입니다.

해외로 출국할 일이 있을 때면 면세점에서 관세 면세 혜택을 받아 쇼핑하는 재미가 쏠쏠합니다. 면세점에서 쇼핑한 사람들은 바로 출국하니 상품에 관세를 매길 필요가 없는 겁니다.

면세사업에서 면제되는 것은 부가세, 면세점에서 면제되는 것은 관세입니다. 같은 '면세'라는 말을 사용하지만 전혀 다른 의미인 셈입니다.

간이과세 vs 일반과세, 이렇게 선택하라!

24

나에게 유리한 선택은?

간이과세자는 일반과세자보다 부가세를 적게 냅니다. 특히, 연간 공급대가가 4,800만 원 미만이면 부가세를 내지 않아도 되지요. 간이과세를 선택하면 사업자의 자금 부담이 많이 줄어듭니다. 세금 신고 방법도 쉽고 간단해서 소규모사업자가 선택하기에 좋은 옵션입니다.

다만, 간이과세가 무조건 좋은 것은 아닙니다. 상황에 따라 일반과세가 유리할 수도 있습니다. 따라서 간이과세가 본인에게 유리한지 여부를 확인해 보아야 합니다.

공급대가와 공급가액

부가세를 이야기하다 보면 공급대가와 공급가액이라는 용어가 많이 등장합니다. 두 용어는 비슷해 보이지만 다른 개념이기 때문에 확실하게 기억해 두는 것이 좋습니다.

- **공급가액**: 부가세를 제외한 매출액
- **공급대가**: 공급가액에 부가세를 합한 금액. 거래상대방에게 청구하고 받는 총금액 또는 상품이나 제품에 표시되는 부가세 포함 가격

당연히 간이과세자가 유리하지!

일반적으로 다음과 같은 경우에는 간이과세자가 일반과세자보다 유리합니다.

- 소비자를 대상으로 하는 업종을 영위하면서 세금계산서를 발행할 필요가 없다면, 간이과세가 유리합니다.
- 연간 공급대가가 4,800만 원(월 400만 원) 미만으로 예상된다면, 부가세를 납부하지 않아도 되는 간이과세가 유리합니다.

일반과세자가 유리할 수도 있다!

다음과 같은 경우에는 일반과세자가 더 유리할 수도 있습니다.

• 사업자는 일반과세자와 거래하는 것을 선호합니다. 세금계산서를 받아야 매입세액을 공제할 수 있는데, 직전 연도 공급대가가 4,800만 원 미만인 간이과세자는 세금계산서를 발행할 수 없기 때문입니다. 따라서 주로 사업자에게 재화나 용역을 공급하는 사업을 한다면, 일반과세를 선택하는 것이 유리할 수 있습니다.

• 간이과세자는 매입세액이 매출세액보다 많더라도 세금을 환급받을 수 없습니다. 따라서 사업 초기에 인테리어 비용이나 사업 준비 비용이 많이 발생해서 환급받을 부가세가 크다면 일반과세자가 유리합니다.

• 해외에서 얻는 수입에 대해서는 부가세 세율이 0%(영세율)입니다. 일반과세자는 0% 세율을 적용받아 부가세 매출세액이 없더라도 매입세액공제를 적용하면 세금을 환급받을 수 있습니다. 따라서 유튜버 등 해외에서 얻는 수입이 많은 사업자는 일반과세가 유리할 수 있습니다.

사업자등록 시기,　　25
이때가 좋다!

늦어도 사업 개시일로부터 20일 이내에!

제때 사업자등록을 신청하지 않으면 여러 가지 가산세를 부담해야 함은 물론 다양한 불이익이 발생합니다. 늦어도 사업 개시일로부터 20일 이내에는 사업자등록을 해야 합니다. 지정된 기한 내에 사업자등록을 하지 않으면, 사업자등록을 신청하기 전날까지 사업으로 번 돈(공급가액)의 1%에 해당하는 가산세가 부과됩니다(간이과세자는 공급대가의 0.5%와 5만 원 중 큰 금액).

사업 개시일이란?

세금에서 사업 개시일이 언제인지는 매우 중요합니다. 돈을 벌기 시작하여 세금을 내야 하는 시점의 기준이 되기 때문이지요. 사업을 하려고 상품을 미리 사 놓거나, 사무실에서 쓸 책상과 노트북을 샀습니다. 그렇다면 사업을 시작한 것일까요? 아니면 실제로 물건을 팔고 돈을 받아야 사업을 시작한 것일까요? 보는 시각에 따라 달라질 수 있어서, 법에서는 어떤 사업인지에 따라 다음과 같은 때에 사업을 시작한 것으로 정했습니다.

- **제조업**: 제조장별로 재화의 제조를 시작하는 날
- **광업**: 사업장별로 광물의 채취 및 채광을 시작하는 날
- **제조업과 광업 외의 사업**: 재화 또는 용역의 공급을 시작하는 날
- **법령 개정 등으로 면세사업에서 과세사업으로 전환되는 경우**: 그 과세 전환일
- **부동산임대업**: 해당 임대 용역의 공급을 개시하는 날

사업자등록, 빠르면 빠를수록 좋은 이유

신규로 사업을 시작할 때는 사업 개시 전이라도 사업자등록을 할 수 있습니다.

재화나 용역을 공급받고 지급하는 대가에는 일반적으로 10%의 부가세가 포함됩니다. 매입할 때 낸 세금이라고 해서 '매입세액'이

라고 합니다. 사업자는 부가세 납부세액을 계산할 때 매입세액을 공제할 수 있습니다.

사업 준비 기간에는 사무실 인테리어도 하고, 설비·비품도 구입하는 등 목돈을 지출할 일이 많습니다. 사업에 필요한 원재료나 상품, 제품 등도 미리 사 두어야 하고요. 사업 개시 전에 사업자등록을 했다면 사업자등록 신청일 이후부터 사업 준비 기간에 부담한 매입세액도 공제할 수 있습니다.

사업 개시일로부터 20일이 지난 후에 사업자등록을 신청했더라도 부가세 과세기간[2]이 끝난 후 20일 이내에 사업자등록을 신청했다면, 해당 과세기간 시작일부터 사업자등록신청일까지 기간 내에 발생한 매입세액을 공제할 수 있습니다. 그러므로 사업을 하기로 마음을 먹었다면 사업자등록 신청을 빨리할수록 절세에 유리합니다.

뒤에서 살펴보겠지만, 매입세액을 공제받으려면 세금계산서를 받아야 합니다. 아직 사업자등록이 되지 않아 사업자등록번호가 없는데 세금계산서를 받을 수 있느냐고요? 네, 대표자의 주민등록번호로 세금계산서를 받으면 되니 걱정하지 않아도 됩니다. 세금계산서를 못 받았어도 괜찮습니다. 세금계산서 대신 신용카드 매

---

2   일반과세자의 부가세 과세기간은 제1기와 제2기로 구분합니다. 제1기는 1월 1일부터 6월 30일까지이고, 제2기는 7월 1일부터 12월 31일까지입니다.

출전표나 현금영수증 등을 받았다면 매입세액공제를 받을 수 있습니다.

여기서 잠깐!   **매출세액과 매입세액**

사업자가 재화를 매입하고 대금을 지불할 때 낸 부가세는 매입세액이라고 합니다. 재화를 매입한 사업자가 있으면 재화를 공급한 사업자도 있겠지요. 공급한 사업자가 재화를 팔고 받은 부가세는 '매출세액'이라고 합니다. 동일한 거래에서 매출세액과 매입세액은 같을 수밖에 없습니다.

사업자등록 후 잊지 말아야 할 것들

26

사업자등록증은 시작일 뿐이다!

사업자등록신청을 하고, 드디어 사업자등록증을 받았나요? 축하합니다! 이제 비로소 사업을 시작할 수 있게 되었습니다. 그런데 사업자등록증을 받았다고 해서 사업 준비가 끝난 것은 아닙니다. 이것저것 챙겨야 할 것들이 아직 많거든요. 사업자등록증을 받고 난 후, 반드시 챙겨야 할 것을 간단히 확인해 보겠습니다.

① 홈택스에 사업용 신용카드를 등록하기

사업자등록을 마쳤다면 사업용으로 사용할 신용카드를 홈택스에 등록할 수 있습니다(의무 아님).

이렇게 해 두면, 사업용 신용카드로 사용한 지출 중에서 업무와 관련해서 사용한 것은 따로 증빙을 챙기지 않더라도 매입세액을 공제할 수 있고, 소득세를 계산할 때 필요경비로 반영할 수 있습니다. 개인 명의로 발급받은 카드를 홈택스에 등록하면 '사업용 신용카드'가 되며, 최대 50개까지 등록할 수 있습니다.

② 현금영수증 관련 의무 확인하기

주로 사업자가 아닌 소비자에게 재화 또는 용역을 공급하는 사업자로서, 다음의 사업자(예외 있음)는 신용카드 단말기 등에 현금영수증 발급 장치를 설치하고 현금영수증 가맹점으로 가입해야 합니다(미가맹 시 가산세 부과).

- 소비자 상대 업종 사업자 중 직전 과세기간의 수입금액이 2,400만 원 이상인 개인사업자
- 의료업, 수의업, 약사업
- 변호사·변리사·공인회계사 등 간이과세가 배제되는 전문직사업자
- 현금영수증 의무발행 업종(사업서비스업, 보건업 등)

소비자 상대 업종을 영위하는 현금영수증 가맹점은 재화 또는 용역을 공급하고 그 대금을 현금으로 받은 경우, 거래상대방이 현금영수증을 요구하면 발급을 거부할 수 없습니다(거부 시 가산세 부과). 특히, 현금영수증 의무발행 업종 사업자는 건당 10만 원 이상의 현금 거래 시, 소비자가 발급을 요청하지 않아도 현금영수증을

의무적으로 발급해야 합니다.

③ 복식부기의무자라면 사업용 계좌 신고부터

뒤에서 살펴보겠지만 복식부기의무자는 복식부기로 거래를 기록해야 하는 사업자를 말합니다. 복식부기의무자는 사업 관련 거래대금을 주고받거나 인건비와 임차료를 지급할 때, 반드시 세무서에 신고한 '사업용 계좌'를 사용해야 합니다.

④ 직원을 고용한다면 챙겨야 할 것

직원을 고용하면 급여와 관련해서 생기는 의무가 있습니다.

- **원천징수 의무**: 급여, 퇴직금 등 인건비를 지급할 때마다 소득세를 원천징수하고, 세무서에 세금을 납부해야 합니다. 직원의 연말정산도 직접 챙겨줘야 하고요.
- **4대 보험**: 직원을 고용하면 4대 보험(고용보험 및 산재보험 포함)에 가입시키고, 보험료의 일부를 사업자가 부담해야 합니다.

⑤ 장부 기장 의무 확인하기

　사업자는 얼마나 벌어서 얼마나 쓰고 얼마나 남겼는지를 장부에 꼼꼼하게 기록해야 합니다('장부 기장 의무'). 소득세를 정확하게 계산하기 위해서이지요. 물론 소규모사업자는 장부 기장을 하지 않아도 추계(경비율 제도)로 소득세를 계산할 수 있지만, 사업 규모가 커지면 더 이상 이런 특혜를 받을 수 없습니다.

사업을 본격적으로 시작하기 전에 장부 기장 의무에 대해 미리 확인해 두어야 합니다. 기장을 하려면 증빙서류를 챙기는 등 미리 준비해야 할 것들이 많기 때문입니다. 수입금액에 따라 장부 기장 의무가 달라지는데, 자세한 내용은 뒤에서 살펴보겠습니다.

직장인인데, 사업자등록이 고민될 때!

Q1. 직장에 다니면서 사업자등록을 하면 어떤 점(세금)이 달라지나요?

1. 직장인의 세금은?

직장인의 소득은 근로소득이므로 근로소득에 대한 소득세를 부담합니다. 회사가 매달 소득세를 원천징수해서 납부하고, 연말정산을 통해 다음연도 1월에 소득세를 확정해 줍니다. 따라서 직장인은 연말정산 서류만 잘 챙기면 그것으로 세금 신고가 끝납니다.

2. 직장인이 면세되는 프리랜서라면?

직장인이 면세되는 프리랜서로 사업을 시작했다면, 이제 근로소득에 대한 세금뿐만 아니라 사업소득에 대한 세금도 신경 써야 합니다. 회사에서 연말정산을 통해 계산해 준 근로소득금액과 본인이 계산한 사업소득금액을 합산해서 다음연도 5월에 직접 종합소득세를 신고해야 합니다. 이때 부가세는 면제됩니다.

3. 직장인이 사업자등록을 할 경우 세금은?

① 종합소득세

직장인이 사업자등록을 하더라도 종합소득세를 신고해야 하는 것은 등록 전과 동일합니다.

② 부가세

면세사업자로 사업자등록을 했다면 부가세가 면제되므로 납부하거나 환급받을 세금은 없습니다. 세금계산서(계산서 포함)를 수수하면 소규모사업자가 아닌 경우에는 다음연도 2월 10일까지 사업장현황신고를 해야 합니다.

과세사업자는 일반과세자인지, 간이과세자인지에 따라 부가세 적용법과 신고법이 다릅니다. 각자 상황에 맞게 부가세 신고를 하면 됩니다. 세금계산서를 발급해야 하는 상황이 생길 수 있으니, 세금계산서 관련 내용도 잘 숙지해 두어야 합니다.

Q2.

유튜브를 운영하는 직장인입니다. 가끔 글을 써서 원고료 (1년에 약 1,000만 원)를 받습니다. 유튜브는 사업자를 냈고, 원고료는 프리랜서로 받습니다. 여러 군데에서 수입이 발생하는데, 어떻게 정리해서 세금을 내야 할까요?

1. 종합소득세

여러 군데에서 버는 수입이 종합소득 중 어떤 소득인지 구분합니다.

① 직장에서 받는 근로소득

근로소득의 경우 직장에서 연말정산을 통해 세금을 계산하여 이미 국세청에 소득과 세금 관련 정보가 신고되어 있으니, 따로 준비할 것은 없습니다.

② 사업자등록을 한 유튜버가 버는 사업소득

유튜버는 인적 또는 물적 시설 유무 등을 고려하여 미디어콘텐츠창작업(921505) 또는 1인미디어콘텐츠창작자(940306)로 사업자등록을 할 수 있습니다.

원칙적으로는 유튜브를 통해 1년간 번 돈과 쓴 돈 각각을 장부에 기록하여 사업소득금액을 계산해야 하나, 경비율 제도를 활용하여 추계로 사업소득금액을 계산할 수도 있습니다.

③ 프리랜서로 받는 원고료

프리랜서는 원고료를 받을 때, 3.3%(사업소득)의 세금을 뗀 후 나머지 금액을 받습니다. 원고료도 기장 또는 추계를 통해 사업소득금액을 계산합니다(작가 940100). 원천징수된 사업소득에 관한 정보는 이미 국세청에 신고되어 있으므로, 종합소득세 신고를 할 때 불러오기만 하면 됩니다.

세 가지 소득금액을 각각 합산하여 종합소득금액과 종합소득세를 계산합니다. 이 모든 과정은 다음연도 5월 국세청 홈택스에서 클릭 몇 번으로 간편하게 진행할 수 있습니다.

2. 부가세

- 근로소득은 부가세 과세 대상 소득이 아닙니다.
- 과세사업자인 유튜버는 반드시 부가세를 신고해야 합니다. 해외업체인 구글로부터 받는 수입에는 영세율이 적용되므로 매입세액이 있다면 부가세를 환급받을 수 있습니다. 면세사업자로 사업자등록을 했다면 부가세 신고는 신경 쓰지 않아도 됩니다. 단, 다음연도 2월 10일까지 사업장현황신고를 할 필요가 있습니다.
- 프리랜서가 받는 원고료는 부가세 면제 대상 소득입니다.

Q3.

블로그를 운영하는 직장인인데 네이버 애드포스트, 쿠팡 파트너스(국내업체)로부터 광고 수입을 받습니다. 해당 수익이 커지다 보니 사업자등록을 고민하고 있습니다. 세금을 어떻게 내야 할까요?

수익 구조에 따라 광고대행업(743002), SNS마켓(525104) 등의 업종코드를 선택할 수 있습니다.

1. 사업자등록 전

① 네이버 애드포스트

네이버는 개인 블로거의 광고 수입을 기타소득으로 보아 8.8%의 소득세를 원천징수하고, 기타소득의 종합소득세 신고 절차에 따라 세금을 신고합니다. 부가세는 과세 대상이 아닙니다.

② 쿠팡 파트너스

쿠팡 파트너스는 쿠팡에서 판매되는 상품을 블로그나 SNS 등에 노출하여 구매가 발생하면 광고 수입을 지급합니다. 이때, 광고 수입을 사업소득(기타자영업 940909)으로 보아 3.3%의 세금을 원천징수합니다.

다음연도 5월, 근로소득금액과 사업소득금액을 합산하여 종합소득금액을 신고하며 부가세는 면제됩니다.

2. 사업자등록 후

블로거는 물적 시설이나 직원이 없다면 면세를 적용받기 때문에 사업자등록을 하지 않아도 되지만, 면세사업자로 사업자등록을 할 수도 있습니다.

그런데 블로그 운영 수익이 사업자등록을 고려할 정도로 커졌다면 스튜디오나 촬영 장비, 직원이나 외주업체 등의 고용이 필요할 정도로 사업 범위도 커졌을 것으로 추측할 수 있습니다. 이 경우 업종이 면세사업인 1인미디어콘텐츠창작자(940306)에서 과세사업인 미디어콘텐츠창작업(921505)으로 바뀌므로, 과세사업자로 사업자등록을 할 수 있습니다.

참고로 1인미디어콘텐츠창작자(940306)가 해외업체(구글 등)로부터 수입을 얻는다면 영세율을 적용하기 위해 면세를 포기할 수 있습니다. 즉, 업종을 변경하지 않아도 과세사업자로 사업자등록이 가능합니다.

블로거가 사업자등록을 하려면 먼저 광고 수입을 지급하는 사업자(네이버, 쿠팡, 구글 등)의 사업자 정책을 확인해야 합니다. 면세사업자에게 대가를 지급할 경우 세금계산서 대신 계산서의 수수가 이루어져야 하고, 대가에 부가세 포함 여부 등을 고려해야 하는 등 번거로운 점이 많습니다. 그래서인지 면세사업자로 등록한 블로거의 광고 플랫폼 이용을 금지하는 경우가 있습니다.

국내업체로부터 광고대가를 받는 블로거는 과세사업자로 사업자등록을 해야 합니다(네이버: 면세사업자의 애드포스트 이용 금지, 쿠팡: 면세사업자의 쿠팡 파트너스 가입신청 거절 가능). 소득세는 원천징수되지 않고, 대신 세금계산서 등의 발급 절차가 이루어집니다. 소득을 지급하는 자는 부가세(10%)를 포함한 광고대가를 블로거에게 지급합니다.

① 종합소득세

기장 또는 추계를 통해 사업소득금액을 계산한 뒤, 근로소득금액과 합산하여 종합소득금액을 신고합니다.

② 부가세

부가세 신고·납부를 별도로 해야 합니다. 네이버나 쿠팡에서 받은 부가세는 내가 번 돈이 아니라, 세무서에 납부해야 할 매출세액입니다.

따라서 매출세액만큼은 사용하지 말고, 적금이나 예금으로 따로 예치해 두는 것이 세금 납부를 위한 자금 관리에 도움이 됩니다(해외업체로부터 광고 수입을 받는 경우는 PART 4를 참고하세요).

PART

4

사업자등록 완료 후
달라지는 사장님의 세금!

사업자만 아는 세금, 부가세

세금은 늘 어렵습니다. 세금 중에서도 특히 어려운 세금이 바로 부가세입니다. 일상에서는 접하기 어려운 세금이라 그렇습니다. 사업을 이제 막 시작한 사업자에게는 낯선 세금이다 보니 부가세를 몰라서 당황하는 경우가 많습니다.

사업을 시작했다면, 또는 부가세 면세에서 과세로 전환된 프리랜서라면 부가세를 더 잘 챙겨야 합니다. 부가세의 짝꿍인 세금계산서도 잘 알아야 하고요.

이번 파트에서는 본격적으로 사업을 시작하는 개인사업자의 필수 관문인 부가세에 대해 살펴보겠습니다.

부가세는 얼마나 내야 할까?

부가세로 결정되는 사업자 종류

사업자등록을 할 때 면세사업 여부와 간이과세 적용 여부를 선택했습니다. 사실 이것은 사업자가 부가세를 어떻게 적용할지를 선택하는 과정입니다.

개인사업자는 부가세 적용 방법에 따라 세 종류로 구분합니다. 면세사업 여부에 따라 면세사업자와 과세사업자로 나누고, 과세사업자를 다시 일반과세자와 간이과세자로 구분합니다.

면세사업자의 부가세 적용법

면세사업자는 재화나 용역을 공급할 때 부가세(매출세액)가 면제됩니다. 부가세를 부담하지 않는다는 뜻입니다. 그래서 면세용역 대가에는 10% 부가세가 포함되어 있지 않습니다. 단, 낼 부가세가 없으니 재화나 용역을 매입하고 부담한 부가세(매입세액)도 공제할 수 없습니다.

부가세 신고 의무도 없습니다. 대신 연간 수입금액 및 사업장 현황을 다음연도 2월 10일까지 세무서에 신고해야 합니다. 이것을 '사업장현황신고'라고 합니다.

그런데 면세되는 프리랜서라면 의구심이 생길 것입니다. 사업장현황신고라는 말을 처음 들어보는데 이게 무슨 말인가 하고요. 면세사업자는 원칙적으로 사업장현황신고를 해야 하지만, 일부 사업을 제외하고는 신고를 하지 않아도 가산세가 없습니다. 그래서 모르고 지나치는 면세사업자도 많은 거지요. 반면에 의료업, 수의업, 약사업을 하는 사업자는 반드시 사업장현황신고를 해야 합니다(가산세 적용).

또한, 소규모사업자[1]가 아닌 사업자가 사업장현황신고의 첨부

---

[1] 합계표 등 미제출 시 가산세가 부과되지 않는 소규모사업자:
   - 신규로 사업을 개시한 사업자
   - 직전연도 사업소득의 수입금액이 4,800만 원 미만인 자
   - 원천징수되는 보험 모집수당 등으로 간편장부대상자가 받는 해당 사업소득만 있는 자

서류인 계산서합계표, 세금계산서합계표('합계표 등')를 제대로 제출하지 않으면 가산세가 부과될 수 있습니다. 따라서 세금계산서(또는 계산서)를 주고받은 적이 있는 사업자(소규모사업자 제외)는 사업장현황신고를 신경 써야 합니다.

일반과세자의 부가세 적용법

일반과세자의 납부세액은 앞에서 본 것처럼 매출세액에서 매입세액을 차감(공제)해서 계산합니다.

① 매출세액: 매출액(공급가액) × 10%

매출세액은 매출 공급가액에 10%를 곱하여 계산합니다.

② 매입세액: 매입액(공급가액) × 10%

매입세액은 매입 공급가액에 10%를 곱하여 계산합니다. 그런데 모든 매입세액을 다 공제받을 수 있는 것은 아닙니다. 매입할 때 세금계산서, 신용카드 매출전표, 현금영수증 등 적격증빙을 받은 경우에만 세금을 공제해 줍니다. 적격증빙을 받았더라도 업무추진비(접대비) 관련 지출이나, 면세사업 관련 매입액 등 처음부터 공제할 수 없는 매입세액(불공제 매입세액)도 있으니 참고하세요.

③ 납부(환급)세액: 매출세액 - 매입세액

매출세액에서 공제받을 수 있는 매입세액을 차감하고 남은 금액이 양수(+)라면 해당 금액을 납부합니다. 반대로 계산한 금액이 음수(-)라면 해당 금액을 환급받을 수 있습니다.

여기서 잠깐!　　　　　　　　**세금은 어떻게 환급받을까?**

부가세 신고서에 '국세환급금 계좌 신고'라는 항목이 있습니다. 환급받을 세금이 있다면, 계좌 신고 항목에 은행 계좌 정보(은행명, 계좌번호)를 기재하여 부가세를 신고하면 됩니다. 그러면 해당 계좌로 환급받을 세금이 현금으로 입금되지요. 다만, 환급받을 세금이 5,000만 원 이상이면 계좌개설신고서를 별도로 제출해야 합니다. 계좌 신고를 하지 않았다면 국세환급금통지서를 가지고 우체국에 방문하여 환급받을 세금을 수령하면 됩니다.

간이과세자의 부가세 적용법

간이과세자는 일반과세자보다 부가세를 계산하는 방법도 쉽고, 세금 부담도 적습니다.

① 매출세액: 매출액(공급대가) × 부가가치율 × 10%

간이과세자의 매출세액은 공급대가에 업종별 부가가치율을 곱한 후, 10% 세율을 적용하여 계산합니다. 공급대가는 부가세를 포함한 금액입니다.

부가가치율은 사업을 하면서 부가가치를 얼마나 창출했는지 알려 주는 지표(부가가치율 = 부가가치 ÷ 매출액)입니다. 부가가치율을 활용하면 부가가치(매출액×부가가치율)가 얼마인지 바로 알 수 있습니다. 매입액이 얼마인지 알 필요도 없습니다.

이 계산법은 소규모 영세사업자들이 부가세를 쉽고 간편하게 계산하도록 돕기 위해 도입되었습니다. 국세청이 사업자들의 부가세 신고 자료를 토대로 업종별 평균 부가가치율을 산정하여 발표

간이과세자의 업종별 부가가치율

업종 구분	부가가치율
소매업, 재생용 재료수집·판매업, 음식점업	15%
제조업, 농업·임업·어업, 소화물 전문 운송업	20%
숙박업	25%
건설업, 운수·창고업(소화물 전문 운송업 제외), 정보통신업	30%
금융·보험 관련 서비스업, 전문·과학·기술서비스업(인물사진 및 행사용 영상 촬영업 제외), 사업시설관리·사업지원·임대서비스업, 부동산 관련 서비스업, 부동산임대업	40%
그 밖의 서비스업	30%

하기 때문에, 간이과세자는 이 업종별 부가가치율을 가져다 쓰기만 해도 부가세를 쉽게 계산할 수 있습니다.

② 공제세액

간이과세자의 경우 매출세액이 바로 납부할 세금입니다. 그런데 매입할 때 세금계산서나 현금영수증 등의 적격증빙을 받았다면 추가로 공급대가의 0.5%만큼을 납부세액에서 공제(불공제 매입세액 제외)할 수 있습니다. 따라서 간이과세자라도 절세를 하려면 반드시 적격증빙을 받아야 합니다.

여기서 잠깐!   **간이과세자의 납부면제**

해당연도 공급대가가 4,800만 원 미만인 간이과세자는 집중하세요! 부가세 납부가 면제되어 세금을 내지 않아도 됩니다. 간이과세의 가장 큰 장점이라고 할 수 있습니다.

---

③ 납부세액: 납부세액 - 공제세액

납부세액이 양수(+)라면 세금을 납부합니다. 그러나 계산된 금액이 음수(-)라면, 일반과세자와는 달리 세금을 돌려받을 수 없습니다.

사실은 같은 일반과세자와 간이과세자의 부가세 적용법

일반과세자와 간이과세자의 부가세 적용법은 겉으로 보면 달라 보이지만, 이론상으로는 같은 결과를 가져옵니다. 예를 들어, 사업자 A는 제조업을 운영하면서 제품을 100만 원에 팔았습니다. 제조업의 부가가치율이 20%, 제품 매입원가가 80만 원이라고 칩시다. 일반과세자와 간이과세자의 부가세 납부세액은 얼마일까요(계산 편의를 위해 제품 가격에 포함된 부가세는 없다고 가정)?

- **일반과세자**: 판매가격 100만 원 × 10% – 매입원가 80만 원 × 10% = 2만 원
- **간이과세자**: 판매가격 100만 원 × 부가가치율 20% × 10% = 2만 원

비슷해 보이지만 전혀 다른 면세와 영세율

수출하거나 외국과 거래하여 외화로 입금받을 경우, 부가세 세율을 0%로 적용할 수 있습니다. 이것을 '영세율'이라고 합니다. 세율이 0%라서 매출세액도 0입니다. 구글 등 주로 해외에서 대가를 수령하는 유튜버는 영세율을 적용받을 수 있습니다.

영세율은 매출세액이 0이라는 점에서는 부가세가 면제되는 면

세와 비슷해 보이지만, 둘은 전혀 다른 개념입니다.

영세율을 적용받는 사업자는 부가세 세율이 10%가 아닐 뿐 여전히 과세사업자입니다. 그래서 매입세액을 공제받을 수 있고 부가세 신고도 해야 합니다. 매출세액이 0이기 때문에 부가세(매출세액-매입세액)를 늘 환급받습니다.

반면에 면세사업자는 매입세액공제를 받을 수 없습니다. 대신 부가세와 관련된 의무를 이행할 필요도 없습니다.

영세율 vs 면세

구분	영세율	면세
사업자 종류	과세사업자	면세사업자
매출세액	0% 세율	면제
매입세액	공제 가능	공제 불가능
대상	해외에서 받는 대가	기초 생필품 등
부가세 의무	○	×

영세율 적용받으려면 첨부서류는 필수!

부가세 영세율을 적용받으려면 '영세율 첨부서류'를 제출해야 합니다. 해외로 수출했거나, 외화로 입금받았다는 사실을 증명해야 하니까요. 첨부서류는 세법이나 국세청에서 거래별로 해당하는 서류를 지정해 놓았으니, 그에 따라 준비하면 됩니다.

- **수출하는 재화**: 수출실적명세서, 소포수령증 등
- **비거주자에게 공급되는 용역**: 외화입금증명서, 용역 제공 내역서(유튜버 등) 등

영세율 첨부서류를 제출하지 않거나 과소신고할 경우, 매출액의 0.5%에 해당하는 가산세가 부과되니 주의해야 합니다.

참고로 유튜버 등이 영세율을 적용받기 위해 제출하는 첨부서류는 '정보통신망을 통해 공급하는 용역 제공 내역서'입니다. 이 서식에는 외화로 받은 금액, 계좌, 채널 이름과 주소, 채널 개설 일자 등을 기재하게 되어 있습니다.

정보통신망을 통해 공급하는 용역 제공 내역서

영세율적용사업자가 제출할 영세율적용첨부서류 지정 고시(별지 제8호 서식)

정보통신망을 통해 공급하는 용역 제공 내역서
(년 제 기)

1. 인적사항

(1) 성 명		(2) 사업자등록번호	
(3) 상 호		(4) 사업장소재지	
(5) 거래기간	년 월 일 ~ 월 일	(6) 작 성 일	

2. 외환수취액

(7) 외환수취 은행명	(8) 외환수취계좌	(9) 수취총액(외화)	(10) 수취총액(원화)

3. 공급내용

공급자			공급받는자	
(11) 채널이름	(12) 채널주소(URL)	(13) 채널 개설일자	(14) 상호(성명)	(15) 국가

위와 같이 부가세법 제24조 및 동법 시행령 제33조에 따라 부가세법 52조 제1항에 용역을 공급하였기 「영세율적용사업자가 제출할 영세율적용첨부서류 지정 고시」에 따라 정보통신망을 통해 공급하는 용역제공 내역서를 제출합니다.

년 월 일

제출인 (서명 또는 인)

세 무 서 장 귀하

작성방법

(1)~(4): 제출자(공급자)의 사업자등록증에 기재된 내용을 적습니다.

(5)~(6): 제출대상기간과 이 명세서의 작성일을 적습니다.

(7)~(10): 외환을 수취하는 은행명과 계좌번호, 외환총액과 원화총액을 적습니다.

(11)~(13): 공급자의 채널이름, 채널주소, 채널 개설일자를 적습니다.

(14)~(15): 공급받는자의 상호(성명), 국가를 적습니다.

169

과세사업자의
부가세 신고법

29

본인이 어떤 사업자인지 파악부터!

연말정산을 하기 때문에 소득세는 직장인에게 익숙합니다. 반면에 사업자등록을 하고 처음으로 직면하는 부가세 신고는 직장인에게 낯설기 마련이지요. 그러나 한 번도 접해 보지 않아서 어려울 수는 있지만, 몇 가지만 기억하면 큰 사고 없이 부가세 신고를 할 수 있습니다.

부가세 신고는 본인이 일반과세자인지, 간이과세자인지를 파악하는 것에서 시작합니다. 이에 따라 부가세 신고와 납부 방법이 달라지거든요. 각 사업자의 신고 기간과 납부 주기만 파악해도 신고나 납부를 제때 하지 못해 가산세를 부담할 위험이 줄어듭니다.

일반과세자의 부가세 신고와 납부

일반과세자는 1년을 6개월씩 2개의 과세기간으로 나누어 부가세를 신고하고 납부합니다. 각각의 과세기간에서 처음 3개월은 '예정고지' 기간입니다. 일반과세자는 1년 동안 각 기간에 맞춰 부가세 신고 2회(확정신고), 납부 4회(예정고지 및 확정신고)를 하게 됩니다.

일반과세자의 부가세 신고 및 납부

과세기간	구분		대상기간	신고	납부
제1기 1~6월	확정신고	예정고지	1~3월	-	4.1~4.25
			1~6월	7.1~7.25	7.1~7.25
제2기 7~12월	확정신고	예정고지	7~9월	-	10.1~10.25
			7~12월	1.1~1.25	1.1~1.25

① 예정고지

일반과세자에게는 예정고지 기간(1~3월, 7~9월)에 대한 부가세 신고 의무[2]가 없습니다. 대신 세무서에서 직전 과세기간에 납부한 세금의 50%를 예정고지 기간의 부가세로 계산하여, 매년 4월과 10

---

2 법인사업자는 예정신고기간(1~3월, 7~9월)에 부가세를 각각 신고·납부해야 합니다.

월에 부가세 예정고지[3]서를 보내 주므로 고지서로 세금을 내면 됩니다. 실적이 나빠졌다면, 예정고지 대신 예정신고를 통해 부가세를 환급받거나 납부세액을 줄일 수 있습니다.

② 확정신고

일반과세자는 매년 7월과 1월, 각 과세기간(6개월)에 대한 부가세를 신고·납부해야 합니다. 이것을 확정신고라고 합니다. 국세청 홈택스를 통해 전자신고를 하거나, 서면으로 자료를 준비해서 관할 세무서에 직접 제출하여 신고할 수 있습니다.

예정고지를 받아서 납부한 세액은 해당 과세기간에 대한 세금을 미리 낸 것이므로, 확정신고 때 기존 납부세액으로 차감해 줍니다.

③ 일반환급과 조기환급

부가세 매입세액이 매출세액보다 큰 경우에는 세금을 환급받을 수 있습니다. 일반환급은 부가세 확정신고를 통해 매년 2회 받을 수 있습니다. 세금은 확정신고 기한 경과 후 30일 이내에 국세환급 계좌로 환급됩니다.

---

3   예정고지 제외: 세금이 50만 원 미만이거나, 과세기간 개시일 현재 일반과세자로 과세 유형이 바뀐 사업자는 예정고지 대상에서 제외됩니다.

일반환급 신고기한 및 환급기한

과세기간	대상기간	신고기한	환급기한
1기 확정신고	1~6월	7.25	7.25에서 30일 내
2기 확정신고	7월~12월	1.25	1.25에서 30일 내

한편, 사업자가 영세율을 적용받거나 사업설비를 신설·취득·확장·증축한 경우, 조기환급 신고를 함으로써 빠르게 세금을 환급받을 수 있습니다(조기환급). 매월, 매 2월, 매 분기를 기준으로 다음 달 25일까지 조기환급을 신청하면, 신고기한 경과 후 15일 이내에 세금을 환급받을 수 있습니다.

부가세 조기환급기한 예시

대상기간	신고기한	환급기한
1.1 ~ 1.31	2.25	2.25에서 15일 내
1.1 ~ 2.28	3.25	3.25에서 15일 내
1.1 ~ 3.31	4.25	4.25에서 15일 내

간이과세자의 부가세 신고와 납부

간이과세자는 1년을 과세기간으로 하여 부가세를 1회 신고하고, 2회 납부합니다. 1월에서 6월까지 6개월은 '예정부과 기간'입니다.

간이과세자의 부가세 신고 및 납부

과세기간	구분		대상 기간	신고	납부
1~12월	확정신고	예정부과	1~6월	–	7.1~7.25
			1~12월	1.1~1.25	1.1~1.25

① 예정부과

세무서에서 직전 과세기간에 납부한 세액의 50%를 예정부과 기간의 부가세로 계산하여 7월 10일까지 납부고지[4]서를 보내 줍니다. 간이과세자는 납부고지서로 부가세를 납부하면 됩니다. 예정부과 기간의 실적이 나빠졌다면, 예정신고를 통해 납부할 세금을 줄일 수 있습니다.

• **예정신고 의무**: 7월 1일 기준으로 간이과세자에서 일반과세자로 과세유형이 전환된 사업자와 예정부과 기간에 적법하게 세금계산서를 발급한 간이과세자(직전연도 공급대가가 4,800만 원 이상인 자)는 1월에서 6월까지를 과세기간으로 하여 7월 25일까지 부가세를 신고·납부하여야 합니다.

② 확정신고

간이과세자는 다음연도 1월 25일까지 부가세 확정신고(전자신

---

4 예정부과 제외: 세금이 50만 원 미만이거나 일반과세자로 과세유형이 전환된 사업자에게는 예정부과하지 않습니다.

고·서면신고 가능)를 하고 세금을 납부해야 합니다. 예정부과되어 이미 납부한 세액은 해당 과세기간에 대해 미리 낸 세금이므로 납부세액을 계산할 때 차감해 줍니다.

③ 납부면제

해당 과세기간의 공급대가가 4,800만 원 미만이라면 부가세 납부가 면제됩니다. 즉, 부가세를 납부하지 않습니다. 그러나 이 경우에도 부가세 신고 의무는 여전히 남아 있으니 부가세 신고를 반드시 해야 합니다.

부가세 신고 서류

부가세를 신고할 때는 부가세 신고서를 비롯해 다음과 같은 다양한 첨부서류를 제출해야 합니다.

일반과세자와 간이과세자의 부가세 신고·납부 방법은 비슷한 점도 있지만 다른 점도 많습니다. 우선 본인이 어떤 사업자인지를 파악하고, 그에 따른 부가세 신고·납부 방법에 익숙해지는 것이 중요합니다.

다음은 일반과세자와 간이과세자의 부가세 신고·납부 방법을 비교한 것입니다.

일반과세자 vs 간이과세자의 부가세 신고·납부

구분	일반과세자	간이과세자
과세기간	제1기: 1~6월 제2기: 7~12월	1~12월
신고	1년 2회(7월, 1월)	1년 1회(1월)
납부	1년 4회 (4월, 7월, 10월, 1월)	1년 2회 (7월, 1월)
예정신고	가능	가능(단, 세금계산서를 발급한 경우엔 예정신고 필수)
납부면제	없음	있음(공급대가 4,800만 원 미만)

세금계산서는 무조건 30
발행해야 할까?

사업자의 필수템, 세금계산서!

세금계산서는 사업자끼리 거래할 때, 부가세를 징수하고 이를 증명하기 위해 주고받는 영수증입니다. 거래 사실을 증명하는 대표적인 증명서류이자 송장, 청구서 등의 역할을 합니다.

원래대로라면 영수증을 주고받는 것은 그다지 어려운 일이 아닙니다. 그러나 여기에 세법이 끼어들며 문제가 생겼습니다. 세금계산서라는 서식을 만들어서 누가, 언제, 어떻게, 무엇을 기재하고 발급해야 하는지, 그 내용을 의무 사항으로 정해 두었기 때문입니다.

세금계산서에는 거래와 관련된 다양한 정보를 기재해야 하는데, 특히 다음의 네 가지는 기재하지 않거나 잘못 적을 경우, 무거운 가산세가 부과되는 항목이니 주의해야 합니다.

- 공급하는 사업자의 등록번호와 성명 또는 명칭

- 공급받는 자의 등록번호(고유번호 또는 주민등록번호)

- 공급가액과 부가세액

- 작성 연월일

세금계산서

세금계산서																책 번 호			권	호	
																일 련 번 호			-		

공급자	등 록 번 호					-			-				공급받는자	등 록 번 호						
	상호 (법인명)			성 명 (대표자)									상호 (법인명)				성 명 (대표자)			
	사업장 주소												사업장 주소							
	업 태			종 목									업태				종목			

작성				공 급 가 액										세 액								비 고
연	월	일	빈칸수	조	천	백	십	억	천	백	십	만	천	백	십	일	천	백	십	억	천	백	십	만	천	백	십	일

월 일	품 목	규 격	수 량	단 가	공 급 가 액	세 액	비 고

합 계 금 액	현 금	수 표	어 음	외상 미수금	이 금액을	영수 청구	함

세금계산서, 누가 발급할까?

일반과세자

부가세가 과세되는 재화나 용역을 공급하는 사업자(공급자)는 세금계산서를 발행해야 합니다. 신용카드나 현금영수증을 대신 발급했다면 세금계산서를 발급하지 않아도 됩니다.

간이과세자

간이과세자도 원칙적으로는 세금계산서를 발급해야 합니다. 다만, 직전연도의 공급대가 합계액이 4,800만 원 미만인 간이과세자와 신규로 사업을 개시하고 간이과세를 신청한 사업자의 최초 과세기간 중에는 세금계산서를 발급할 수 없습니다.

세금계산서를 발행하지 않는 사업자

세금계산서를 교부할 수 없는 사업자

주로 최종소비자에게 재화 또는 용역을 공급하는 사업자 중에서 영수증을 발급해야 하는 사업자('영수증 발급 대상 사업자')가 있습니다. 이들은 세금계산서 대신 영수증을 발행해야 합니다. 영수증 발급 대상 사업자는 다음과 같습니다.

소매업, 음식점업(다과업 포함), 숙박업, 미용, 욕탕업, 여객운송업, 입장권을 발행하여 경영하는 사업, 변호사업 등, 행정사업, 요양급여 제외 대상 진료용역, 부가세가 면제되지 않는 수의사의 동물진료용역, 도정업, 떡방앗간, 양복점업, 양장점업, 양화점업, 주거용 건물공급업, 운수업, 주차장운영업, 부동산중개업, 사회서비스업, 개인서비스업, 가사서비스업, 자동차 제조업, 자동차판매업, 주거용 건물 수리·보수 및 개량업 등(단, 밑줄 친 사업 및 여객운송업 중 전세버스운송사업의 경우, 공급받는 자가 사업자등록증을 제시하고 영수증 대신 세금계산서의 발급을 요구하면 세금계산서를 발급해야 함)

영수증은 공급받는 자와 부가세액를 따로 기재하지 않는 간소화된 거래증빙이라고 볼 수 있습니다. 영수증에는 공급자의 등록번호·상호·성명·공급대가 및 작성 연월일을 기재합니다. 다음의 서류를 발급하면 영수증을 발급한 것으로 봅니다.

- 금전등록기에 의한 계산서
- 승차권·승선권·항공권
- 입장권·관람권
- 전력 또는 가스요금의 영수증
- 신용카드 매출전표
- 기타 유사한 영수증

다만, 영수증을 신용카드·직불카드 조회기, 현금영수증 발급 장치로 발급하거나, 판매시점정보관리시스템(POS)을 사용해 교부하는 사업자는 영수증을 발행할 때 공급가액과 부가세를 구분하여 표시해야 합니다.

여기서 잠깐!   **영수증? 내가 아는 그 영수증일까?**

식당에서 밥을 먹거나 또는 마트에서 물건을 사고 결제했을 때, 다음과 같은 질문을 받는 경우가 종종 있습니다.

"영수증 드릴까요?"

여기서 말하는 영수증이 바로 세금계산서를 발급할 수 없는 사업자가 발행해야 하는 그 '영수증'입니다. 식당에서 밥을 먹은 뒤 세금계산서를 발급받는 경우는 거의 없습니다. 소비자들이 세금계산서를 받을 때까지 기다리지도 않거니와, 최종소비자에게 재화나 용역을 공급하는 특정 사업자는 아예 세금계산서를 발급할 수 없도록 정해져 있기 때문입니다.

세금계산서 교부 의무 면제 사업자

세금계산서를 발급하기 어렵거나 발급이 필요하지 않은 사업도 있습니다. 택시운송 사업자나 노점상, 소매업(공급받는 자가 세금계산서 교부를 요구하지 않는 경우 한정) 등이 대표적입니다. 택시에서 내리는 그 짧은 시간에 택시 기사님에게 세금계산서를 끊어달라고

할 수는 없으니까요. 이런 사업을 하는 사업자는 세금계산서 발행
의무를 면제받습니다.

세금계산서, 언제 발급할까?

세금계산서는 재화 또는 용역의 공급시기에 발급해야 합니다.

재화와 용역의 공급시기

	구분	공급시기
재화	현금, 외상 또는 할부판매	재화가 인도되거나 이용 가능하게 되는 때
	반환·동의 등 조건부 판매, 기한부 판매	조건이 성취되거나 기한이 지나 판매가 확정되는 때
	장기할부 판매, 완성도기준지급·중간지급조건부 판매, 공급단위를 구획할 수 없는 재화를 계속 공급하는 경우	대가의 각 부분을 받기로 한 때
용역	통상적인 경우	역무의 제공이 완료되는 때, 시설물, 권리 등 재화가 사용되는 때
	장기할부조건부, 완성도·중간지급조건부, 공급단위를 구획할 수 없는 용역을 계속 공급	대가의 각 부분을 받기로 한 때
특례	공급시기가 도래하기 전에 대가를 받고 세금계산서를 발급한 경우	세금계산서를 발급한 때

다만, 실제 거래 사실이 확인되는 경우 등에는 공급일이 속하는 달의 다음 달 10일까지 세금계산서를 발급할 수 있습니다. 그래서 일반적으로 "세금계산서는 다음 달 10일까지 발급하면 된다"라고 이야기합니다.

세금계산서, 어떻게 발급할까?

세금계산서는 법으로 정한 서식을 사용하여 작성합니다. 공급 자는 동일한 내용으로 세금계산서를 2매 발급하여 1매는 보관하고, 공급받는 자에게 1매를 전달합니다. 종이 또는 전자세금계산서를 발급할 수 있습니다. 단, 직전연도 재화 및 용역의 공급가액(면세공급가액 포함) 합계액이 8,000만 원 이상인 개인사업자는 전자세금계산서를 의무적으로 발급해야 합니다.

국세청 홈택스나 전자세금계산서 발급 사이트에서 쉽게 전자세금계산서를 발급하고 전송할 수 있습니다. 전자세금계산서의 가장 큰 특징은 세금계산서를 발급하는 동시에 국세청에도 전송된다는 점입니다. 부가세 신고를 할 때 매출세액이나 매입세액은 거래처 별로 별도의 명세서를 작성해서 제출해야 합니다. 하지만 전자세금계산서를 발급한 금액이나 발급받은 금액은 이미 국세청에 세금계산서가 전송되어 있으므로 합계금액만 기재해도 됩니다.

전자세금계산서 발급 및 전송

발급	· 국세청 홈택스, 전자세금계산서 발급 사이트에 회원 가입 · 전자세금계산서 발급 · 매입자의 이메일로 전송

전송	· 발급일의 다음 날까지 국세청에 전송 · 홈택스에서 발급할 경우에는 발급 즉시 자동으로 국세청에 전송

부가세 신고	· 매출·매입처별 세금계산서 합계표 작성 시, 전자세금계산서에 합계금액 기재 · 거래처별 명세서 작성 불필요

세금계산서를 제대로 주고받지 않으면 벌어지는 일들

　세금계산서 내용이 사실과 다르거나 제때 주고받지 않는 등 세금계산서를 제대로 주고받지 않으면, 공급한 사업자와 공급받은 사업자 모두에게 무거운 가산세가 부과됩니다. 전자세금계산서를 발행해야 하는 사업자가 제대로 세금계산서를 교부하지 않거나, 국세청에 전송하지 않아도 가산세가 부과되지요. 그런데 가산세보다 더 무서운 것은 세금계산서를 제대로 주고받지 않으면 「조세범

처벌법」이 적용될 수 있다는 점입니다. 「조세범처벌법」이 적용되면 본세와 가산세를 내야 하는 것은 물론이고, 여기에 더해 본세의 몇 배에 해당하는 벌금까지 부과될 수 있습니다. 최악의 경우, 징역을 살아야 할 수도 있고요. 그래서 세금계산서는 조심하고 또 조심해서 주고받아야 합니다.

부가세를 줄이는 방법

31

적격증빙은 곧 돈이다!

절세를 하는 최선의 방법은 적격증빙을 잘 챙기는 것입니다. 적격증빙을 잘 갖추면 필요경비를 인정받을 수 있어서 소득세가 줄어들 뿐만 아니라, 공제받을 수 있는 매입세액이 늘어나 부가세도 절세할 수 있습니다.

① 세금계산서

세금계산서를 '잘' 받는 것이 부가세 절세의 핵심입니다. 세금계산서가 없으면 매입세액공제를 받을 수 없습니다. 세금계산서를 받는 것도 중요하지만 잘 받아야 합니다. 교부받은 세금계산서에 문제가 있거나 늦게 받은 경우에는 매입세액공제를 받을 수 없고, 가산세까지 추가될 수 있으니 주의해야 합니다.

② 신용카드 매출전표와 현금영수증 등

세금계산서를 교부받지 못했어도 신용카드 매출전표, 직불카드 영수증, 선불카드영수증, 현금영수증('신용카드 매출전표 등')을 받았다면 매입세액공제를 받을 수 있습니다. 다만, 세금계산서를 발급할 수 없는 사업자(간이과세자, 영수증 발급 대상 사업자 등)가 신용카드 매출전표 등을 발급했다면 해당 매입세액은 공제받지 못합니다.

③ 면세사업자는 적격증빙이 필요 없을까?

면세사업자는 매입세액공제를 받을 수 없으니까 적격증빙이 필요 없을까요? 아닙니다. 비록 매입세액공제는 받을 수 없지만, 종합소득세를 신고할 때 필요경비를 인정받으려면 세금계산서 등의 적격증빙이 꼭 필요합니다.

음식점을 하면, 안 낸 세금도 돌려받는다! (의제매입세액)

식용으로 공급되는 농산물, 축산물, 수산물이나 임산물 등은 대표적으로 부가세가 면제되는 품목('면세농산물')입니다. 반면에 면세농산물을 원재료로 사용하여 가공하거나 제조하는 사업(음식점 등)에는 부가세가 과세됩니다. 이런 사업을 하는 일반과세자(간이과세자 제외)에게는 특별한 절세법이 있습니다. 바로 의제매입세액공제 제도를 활용하는 것입니다.

의제매입세액공제는 면세농산물을 매입할 때 부가세(매입세액)를 부담하지는 않았지만, 구입액의 일정 금액만큼을 매입세액이 있는 것으로 보아(의제) 매출세액에서 공제하도록 해 주는 것입니다. 구체적으로는 면세농산물가액에 다음의 공제율을 곱하여 계산한 금액을 매입세액으로 공제(한도 있음)할 수 있습니다.

의제매입세액공제율

구분	업종	공제율(%)
음식점업	Ⓐ: 과세유흥장소	2/102
	Ⓑ: Ⓐ 외의 개인사업자	8/108(과세표준 2억 원 이하인 경우에는 2026년 12월 31일까지 9/109)
	©: Ⓐ, Ⓑ 외의 사업자	6/106
제조업	Ⓐ: 과자점업, 도정업, 제분업 및 떡방앗간을 운영하는 개인사업자	6/106
	Ⓑ: Ⓐ 외의 사업자 중 중소기업 및 개인사업자	4/104
기타		2/102

의제매입세액공제를 받으려면 면세농산물 공급자로부터 계산서나 신용카드 매출전표 등의 적격증빙을 받아야 합니다. 농어민

으로부터 면세농산물을 직접 공급받을 때는 적격증빙을 받기 어려울 수 있는데요, 이런 경우에는 아쉽게도 의제매입세액공제를 받을 수 없습니다. 단, 예외적으로 제조업을 영위하는 사업자가 농어민으로부터 면세농산물을 직접 공급받으면, 적격증빙이 없어도 의제매입세액공제를 받을 수 있습니다.

신용카드 매출전표, 발행만 해도 세금이 줄어든다!

세금계산서 발행 의무가 없는 다음과 같은 사업자가 적격증빙을 발행할 경우, 세액공제를 받을 수 있습니다.

다음의 사업자가 재화 또는 용역을 공급하고 신용카드 매출전

세액공제 대상 사업자

영수증 발급 대상 사업자	• 주로 최종소비자에게 재화 또는 용역을 공급하는 영수증 발급 대상 사업자(소매업, 음식점업, 여객운송업 등) • 단, 직전연도 공급가액 합계액이 10억 원을 초과하는 개인 사업자 제외
영수증 발급 대상 간이과세자	• 직전연도 공급대가 합계액이 4,800만 원 미만인 사업자 • 신규로 사업을 개시하고 간이과세를 신청하여 최초로 과세 기간에 속하는 자

표 등을 발급하는 경우, 연간 500만 원(2026년 12월 31일까지는 연간 1,000만 원)을 한도로 발급금액 또는 결제금액의 1%(2026년 12월 31일까지는 1.3%)를 부가세 납부세액에서 공제받을 수 있습니다. 꼭 챙겨서 납부할 세금을 줄여보세요!

못 받고 떼인 돈, 세금이라도 돌려받자! (대손세액공제)

사업자 A는 20X1년 12월, 1,100만 원(공급대가)짜리 상품을 거래처 B에 외상으로 팔았습니다. 매출이 발생했으니 20X2년 1월 25일까지 부가세 신고를 하고, 부가세 100만 원을 세무서에 납부했습니다. 그런데 20X2년 9월, 청천벽력과도 같은 소식이 들려왔습니다. 거래처 B가 파산했다는 것입니다. 외상 대금 1,100만 원은 받을 기약도 없고 세금 100만 원은 내 돈으로 이미 내 버렸으니, 손해도 이런 손해가 없습니다. 이렇게 억울한 상황에서 최소한 세금이라도 돌려받을 수 있게 해 주는 것이 바로 '대손세액공제'입니다.

대손(貸損)은 '대출하고 받은 손해'라고 생각하면 됩니다. 돈을 떼여 손해를 봤다는 의미입니다. 물론 단순히 거래처가 부도났다는 사실만으로 대손세액공제를 받을 수 있는 것은 아닙니다. 소멸시효가 완성되었거나, 채무자가 파산·사망·실종 등으로 회수할 수 없는 경우 등 법에서 정한 경우에 한해 적용받을 수 있습니다.

대손세액공제를 받으려면 대손 사유가 발생한 과세기간의 부가세 확정신고(7월 25일, 1월 25일)를 할 때, '대손세액공제신고서'와 대손 사실을 증명할 수 있는 서류[5]를 첨부하여 세무서에 제출하면 됩니다.

앞의 사례에서 거래처 B가 파산한 것은 20X2년 9월이므로, 사업자 A는 20X2년 제2기 과세기간의 매출세액에서 대손세액으로 100만 원(대손금액 1,100만 원 × 10 ÷ 110)을 공제받을 수 있습니다(20X3년 1월 25일 신고).

사업용 신용카드를 잘 활용하자!

사업용 신용카드를 잘 활용하면 세금을 줄일 수 있습니다.

매입세액 누락 방지

국세청 홈택스에 사업용 신용카드를 등록한 사업자는 등록한 신용카드 사용 내역을 홈택스에서 바로 확인하고 부가세 신고에

---

5 다음과 같은 서류를 대손 증명서류로 활용할 수 있습니다.
   • 파산·강제집행: 채권배분명세서, 실종선고: 법원 판결문 사본, 채권배분계산서
   • 회사정리계획의 인가 결정: 법원이 인가한 회사정리 인가안, 부도어음(수표): 부도어음(수표) 사본

반영할 수 있습니다. 따라서 신용카드 매출전표 등을 따로 보관하거나 챙기지 않아도 매입세액을 빠뜨릴 염려가 없습니다.

매입세액불공제 대상을 쉽게 파악할 수 있다

홈택스에서는 사업용 신용카드를 사용한 지출에 대해 신용카드 사용처(공급자)의 업종, 면세 여부, 간이과세자 여부 등을 사전에 분류하여 제공해 줍니다. 이를 통해 매입세액불공제 대상 지출을 쉽게 파악할 수 있습니다. 즉, 공제받지 않을 항목을 확인함으로써 미래에 발생할지 모를 가산세 부담을 사전에 차단할 수 있습니다.

가산세를 안 내는 것이 곧 절세!

쓸데없는 가산세를 안 내는 것이 절세에서 가장 중요합니다. 부가세는 세금 중에서도 가산세가 무겁기로 유명한데요, 어떤 가산세가 있는지 정도는 알아두는 것이 좋습니다.

가산세의 종류와 계산

종류	가산세 계산
무신고	무신고납부세액×20%(부당 40%)
과소신고·초과환급신고	과소신고납부세액×10%(부당 40%)
납부(환급)불성실	미납세액×경과일수×0.022%
영세율 신고불성실	무·과소신고 과세표준×0.5%
미등록·명의위장	공급가액×1%(간이과세자는 공급대가×0.5%)
세금계산서 발급·전송 불성실	미발급: 공급가액×2%(지연 발급 1%) 전자세금계산서 발급명세서 미전송: 공급가액×0.5%(지연 전송 0.3%) 기재불성실: 공급가액×1%
세금계산서 부정 수수	가공 발급(수취): 공급가액×3% 위장 발급(수취): 공급가액×2% 과다기재 발급(수취): 공급가액×2%
매출처별세금계산서 합계표불성실	미제출·누락·부실 기재: 공급가액×0.5% 지연 제출: 공급가액×0.3%
매입처별세금계산서 합계표불성실	세금계산서 지연수취: 공급가액×0.5% 미제출·누락·부실 기재·과다기재: 공급가액×0.5%

'매입세액불공제'를 들어보셨나요?

32

이래저래 억울한 매입세액불공제

부가세를 신고할 때, 사업자가 이해하기 어려워 가장 많이 실수하는 부분이 하나 있습니다. 바로 매입세액불공제인데요, 사업자가 부담한 매입세액 중에서 일부는 공제받을 수 없다는 내용입니다. 그 많은 매입세액 중에 공제 안 되는 항목을 일일이 찾아서 분류해야 하니 실수도 많을 수밖에 없는 것이지요. 이래저래 억울한 매입세액불공제 현장, 한번 확인해 보겠습니다.

① 세금계산서 등 미수취

사업자가 세금계산서나 신용카드 매출전표 등('세금계산서 등')의 적격증빙을 받지 않았다면 매입세액을 공제받지 못합니다. 그런데 세금계산서 등을 받았는데도 받지 않은 것으로 간주하여 매입세액을 공제받지 못하는 경우가 있습니다. 세금계산서를 발급할 수 없는 자로부터 세금계산서 등을 받은 경우가 대표적입니다. 이들이 발급한 세금계산서 등은 무늬만 세금계산서 등일 뿐 일반 영수증이나 마찬가지라 매입세액이 공제되지 않습니다.

- **세금계산서를 발급할 수 없는 사업자**: 면세사업자, 간이과세자(공급대가 4,800만 원 미만), 미등록사업자, 휴업·폐업한 사업자, 영수증 발급 대상 사업자 등

여기서 잠깐!　　　　　**간이과세자와 계약할 때 주의할 점**

---

① 직전연도 공급대가가 4,800만 원 미만인 간이과세자는 세금계산서를 발행할 수 없습니다. 따라서 간이과세자와 거래할 때는 신용카드로 결제하거나, 현금영수증을 받아야 소득세를 계산할 때 적격증빙으로 인정받을 수 있습니다.

② 세금계산서를 발급할 수 없는 간이과세자와 거래하고 대가를 지급하는 경우, 세금계산서를 교부받거나 신용카드 매출전표 또는 현금영수증을 받더라도 부가세 매입세액은 공제받을 수 없습니다.

③ 간이과세자와 계약할 때는 주거나 받기로 한 대가가 부가세를 포함한 금액인지, 또는 부가세가 별도인지를 계약서 등에 명확하게 해 두어야 분쟁의 여지가 없습니다.

② 세금계산서 부실 기재

사실과 다른 내용을 적은 세금계산서를 받으면 매입세액공제를 받을 수 없습니다. 다음은 부실하게 기재한 세금계산서를 수취한 것으로 보는 대표적인 사례입니다.

- 공급하는 자가 세금을 적게 내려고 다른 사업장 명의로 세금계산서를 발급한 경우(위장사업자)
- 사업과 관계없이 개인적으로 구입한 물건에 대해 사업자 명의로 세금계산서를 받은 경우
- 실제 지급한 금액이 아닌 다른 금액을 기재한 세금계산서를 받은 경우

③ 사업과 직접적인 관련 없는 지출에 대한 매입세액

사업과 직접적인 관련이 없는 지출에 대한 매입세액은 공제받지 못합니다. 특히, 다음과 같은 지출에 대한 매입세액은 공제받지 못합니다.

- 업무와 관련 없는 자산을 취득하고 관리함으로써 발생하는 취득비·유지비·수선비와 이와 관련한 필요경비
- 사업에 직접 사용하지 않고 타인(종업원 제외)이 주로 사용하는 토지·건물 등의 유지비·수선비·사용료와 이와 관련한 지출금 등

④ 사업자등록 신청 전의 매입세액

사업자등록을 신청하기 전에 발생한 매입세액은 공제받을 수 없습니다. 그래서 사업자등록은 늦지 않게 제때 해야 합니다.

다만, 공급시기를 포함하는 과세기간이 끝난 후 20일 이내에 사업자등록을 신청한 경우, 등록신청일부터 공급시기가 속하는 과세기간 기산일(1월 1일, 7월 1일)까지 역산한 기간 이내의 매입세액은 공제받을 수 있습니다.

⑤ 비영업용 소형승용차의 구입, 임차 및 유지 관련 매입세액

개별소비세가 과세되는 다음과 같은 차량의 구입, 임차 및 유지 관련 매입세액은 공제받을 수 없습니다.

다만 운수업, 자동차판매업, 자동차임대업, 운전학원업, 경비업 및 이와 유사한 업종에서 직접 영업용으로 사용하기 위해 취득한 차에 대한 매입세액은 공제받을 수 있습니다.

차량의 매입세액 공제 여부

매입세액불공제 차량 (개별소비세 과세 ○)	매입세액공제 차량 (개별소비세 과세 ×)
· 8인승 이하 승용차 · 캠핑용 자동차 · 125cc 초과 오토바이	· 9인승 이상 승용·승합차 · 배기량 1,000cc 이하 경차 · 길이 3.6미터 이하, 폭 1.6미터 이하 전기차 · 화물자동차, 밴 차량 · 125cc 이하 오토바이

⑥ 업무추진비 지출 관련 매입세액

업무추진비(접대비) 등의 지출과 관련한 매입세액은 사업과 관련이 있든 없든 공제받을 수 없습니다. 예를 들어, 거래처 사장과 식사하거나 고객에게 보낼 명절 선물을 구입하고 부담한 매입세액 등은 모두 공제받을 수 없습니다. 사업을 하려면 접대비가 발생하는 것이 너무나 당연하지만, 소비성 지출이나 불건전한 지출이 발생하는 것을 억제하기 위해 매입세액을 공제해 주지 않습니다.

⑦ 면세사업 등[6]과 관련한 매입세액

면세사업과 관련한 매입세액은 공제받지 못합니다.

⑧ 토지 관련 매입세액

토지를 판매할 경우, 부가세가 과세되지 않습니다. 따라서 토지의 자본적 지출에 관련된 매입세액(토지의 취득, 형질변경, 부지 조성 등과 관련한 매입세액 등)은 공제받을 수 없습니다.

---

6 면세사업 등: 면세사업 및 부가세가 과세되지 않는 재화 또는 용역을 공급하는 사업

필요경비별 매입세액공제 여부

모두 사업을 위해 당연히 지출하는 비용이지만, 어떤 비용은 매입세액을 공제받고 어떤 비용은 공제받지 못하니 이래저래 억울하고, 더구나 헷갈립니다. 그래서 필요경비 항목별로 매입세액공제 여부를 정리해 보았습니다.

필요경비의 매입세액공제 여부

필요경비	공제	불공제
토지 조성비		√
복리후생비, 광고선전비, 소모품비 등	√	
접대비		√
회의비, 회식비	√	
비영업용 소형승용차 관련 비용 (렌트비, 주차비, 유류비 등)		√
영업용 승용차 관련 비용 (택시회사의 택시 구입 및 유지 등)	√	
통신비, 전기, 가스비 등	√	
교통비-전세버스 (세금계산서 발급 가능 사업)	√	
교통비-고속버스, 택시, 지하철, 항공 (영수증 발급 대상 사업)		√

사업자등록 한 N잡러의 세금 고민

Q1.
퇴근 후 소소하게 하던 유튜브가 잘되어 사업자를 내고 직원을 고용하게 되었습니다. 부가세 측면에서 미리 절세 방법을 공부하고 싶은데, 어떤 방법이 있을까요?

1. 적격증빙으로 부가세 돌려받기

유튜버가 직원을 고용하면 더 이상 부가세를 면제받을 수 없습니다. 그러나 부가세가 과세된다고 해서 걱정할 필요는 없습니다. 유튜버가 받는 구글 애드센스 수입은 매출에 대해 영세율(0%)을 적용받기 때문입니다.

부가세는 매출세액에서 매입세액을 빼고 남은 금액을 납부하고, 모자란 금액은 돌려받는 구조입니다. 매입세액이 많을수록 환급받을 세액이 많아집니다. 지출한 비용이 있다면 해당 매입세액을 놓치지 않도록 적격증빙(세금계산서, 현금영수증, 신용카드 매출전표 등)을 꼭 받아 두어야 합니다. 모아 놓은 증빙자료를 기반으로 제때 부가세 신고를 하는 것이 절세의 기본입니다.

2. 부가세 신고 반드시 하기

매출세액이 0원이라고 해서 부가세 신고를 하지 않아도 될까요? 아닙니다. 절세하려면 부가세 신고를 반드시 해야 합니다.

부가세 신고를 해야 세금을 환급받을 수 있지만, 무엇보다 영세율을 적용받으려면 영세율 첨부서류를 제출해야 합니다. 첨부서류를 제출하지 않으면 매출액의 0.5% 가산세가 부과되고 영세율을 적용받지 못할 수 있습니다.

유튜버의 영세율 첨부서류는 '정보통신망을 통해 공급하는 용역 제공 내역서'와 '외화입금증명서'입니다. 채널 정보와 외화 입금 기록만 가지고 있으면 쉽게 작성할 수 있으니, 놓치지 말고 반드시 챙기세요!

Q2. 티스토리 등의 블로그를 운영하고, 구글 애드센스를 통해 광고 수입을 얻는 직장인입니다. 세금을 어떻게 내야 할까요?

블로그를 운영하면서 광고 수익이 반복적으로 계속 발생한다면 사업자등록을 고민해야 합니다. 구글 애드센스와 같은 해외업체로부터 광고 수입을 얻는 경우에는 수익 구조, 과세 여부 등에 따라 광고대행업(743002), SNS마켓(525104), 기타자영업(940909) 등의 업종코드를 선택할 수 있습니다.

1. 종합소득세

블로거는 사업소득금액을 근로소득금액과 합산하여 다음연도 5월에 종합소득세 신고를 해야 합니다.

2. 부가세

인적 또는 물적 시설이 없는 블로거는 부가세 면세를 적용받을 수 있습니다. 이 경우 면세사업자(기타자영업)로 사업자등록을 하거나, 사업자등록을 하지 않아도 무방합니다. 면세사업자가 아니라면 과세사업자(광고대행업 또는 SNS마켓)로 사업자등록을 해야 합니다.

다만 해외로부터 얻는 수입은 부가세 영세율이 적용되므로, 매

입세액이 있다면 과세사업자로 사업자등록을 하고 부가세 신고
를 함으로써 세금을 환급받을 수 있습니다.

PART
5

N잡러의 소득세와 원천세
완전 정복

소득세는 장부로 결정된다?

33

장부 기장은 선택이 아닌 필수!

사업자등록을 하고 부가세를 알게 되었다면 이제 소득세를 배울 차례입니다. 사업자에게는 부가세도 어렵지만 소득세도 만만치 않습니다. 장부 기장이라는 산을 넘어야 하기 때문이지요. 소득세를 계산하려면 소득이 얼마인지 알아야 하는데, 장부 기장을 통해 소득을 확인할 수 있습니다.

소규모사업자는 추계(경비율 제도 활용)로 소득을 계산하더라도 가산세가 부과되지 않습니다. 그러나 사업 규모가 커지면 더 이상 가산세 면제 혜택을 받지 못합니다. 더구나 필요경비가 많이 발생하는 사업이라면, 추계하는 것보다 장부로 확인 가능한 금액을 필요경비로 인정받는 것이 소득을 줄이는 방법이 될 수도 있습니다. 장부 기장은 이제 선택이 아닌 필수입니다.

추계 복습하기

앞서 추계란 '사업소득을 계산할 때 장부에 기장하는 대신 수입금액의 일정 비율만큼을 필요경비로 인정하는 경비율 제도를 활용하여 소득을 추정하는 방식'이라고 했던 것, 기억나지요?

대상	주요경비	기타경비
기준경비율 (일반사업자)	쓴 만큼(증빙)	수입금액 × 기준경비율
단순경비율 (소규모사업자)	수입금액 × 단순경비율	

부담스러우면 일단 간편장부!

여기서 말하는 '장부'는 복식부기에 따른 장부입니다. 회사에서 흔히 작성하는 재무제표가 복식부기로 작성한 장부의 대표적인 예이지요. 그런데 사실 일반인들이 복식부기를 이해하기란 쉽지 않습니다. 회계에 대한 이해가 어느 정도 필요하기 때문입니다.

복식부기 vs 간편장부

복식부기	• 사업의 재산 상태와 손익거래 내용의 변동을 빠짐없이 대차평균의 원리에 따라 이중으로 기록하여 계산하는 부기 형식의 장부 • 복식부기, 재무제표
간편장부	• 소규모사업자가 쉽고 간편하게 작성할 수 있도록 국세청에서 고안한 장부 • 단식부기, 가계부

사업을 처음 시작한 사업자라면 사업을 운영하기도 벅찬데, 그 어렵다는 회계를 공부해서 장부를 작성하기가 버거운 것이 당연합니다. 이런 고충을 덜어주기 위해 국세청에서는 회계지식이 없어도 쉽고 간편하게 작성할 수 있는 장부를 고안했습니다. 이것을 '간편장부'라고 합니다.

간편장부를 작성하는 방법은 가계부 작성법과 크게 다르지 않습니다. 간편장부 양식대로 거래가 발생한 날짜순으로 수입·비용·사업용 유형자산 및 무형자산의 증감에 관한 내용을 기록하면 됩니다.

국세청에서는 간편장부 작성 프로그램도 제공하므로 다운받아 편리하게 사용할 수 있습니다.

간편장부 양식

① 일자	② 계정 과목	③ 거래 내용	④ 거래처	⑤ 수입 (매출)		⑥ 비용 (원가관련 매입포함)		⑦ 고정자산 증감 (매매)		⑧ 비고
				금액	부가세	금액	부가세	금액	부가세	

매출액에 따라 간편장부와 복식부기 중 선택

간편장부대상자

모든 사업자가 쉽고 편한 간편장부로 기장하면 좋겠지만, 안타깝게도 간편장부를 사용할 수 있는 사업자는 정해져 있습니다. 간편장부는 신규사업자 또는 직전연도 수입금액이 업종별[1]로 3억원, 1억 5,000만 원, 7,500만 원 미만인 사업자만 작성할 수 있습니다. 단, 전문직사업자는 수입금액 규모와 상관없이 간편장부를 사용할 수 없습니다.

---

1 수입금액(직전연도)에 따른 업종별 간편장부대상자
- 3억 원: 도매·소매업(상품중개업 제외), 농업·임업·어업, 광업, 부동산매매업, 기타
- 1억 5,000만 원: 제조업, 숙박·음식점업, 운수업·창고업, 정보통신업, 금융 및 보험업, 상품중개업, 욕탕업 등
- 7,500만 원: 부동산임대업, 사업시설관리·사업지원·임대서비스업, 교육서비스업, 수리·기타 개인서비스업(욕탕업 제외), 가구 내 고용활동 등

복식부기의무자

간편장부대상자 외에는 모두 복식부기로 장부를 기장해야 합니다. 간편장부대상자는 간편장부를 사용할 수 있지만 당연히 복식부기로 장부를 작성해도 됩니다.

무조건 세무대리인에게 기장을 맡겨야 할까?

사업 규모가 작아서 간편장부를 작성할 수 있는 사업자라면 직접 기장해 보는 것도 괜찮습니다. 가계부를 작성하는 정도의 노력을 기울이면 소득금액을 쉽게 계산할 수 있으니까요. 그러나 복식부기의무자라면 기장과 세무 신고를 세무대리인에게 맡기거나 담당 직원을 고용하는 것이 오히려 효율적일 수 있습니다.

특히, 직전연도 수입금액이 업종별로 6억 원(도매·소매업 등), 3억 원(제조업, 숙박·음식점업 등), 1억 5,000만 원(부동산임대업 등) 이상인 사업자는 세무대리인을 통해 소득세를 계산(세무조정)해야 합니다.

기장을 하면 절세가 된다!

작성의 번거로움과 어려움, 기장 수수료 등 추가 비용을 부담해야 함에도 불구하고 사업자가 장부를 작성해야 하는 이유는 명확합니다. 장부를 작성하는 것이 소득세를 줄일 수 있는 좋은 방법이기 때문입니다.

① 장부 기장을 하지 않으면 결손금도 없다

적자(결손금)가 났더라도 기장을 하지 않으면 그 사실을 증명할 수가 없습니다. 필요경비를 확인하기 어려우니까요. 기장을 하지 않아 추계로 소득을 계산하면 경비율만큼만 필요경비로 인정해 주기 때문에 적자가 났어도 세금을 내야 합니다.

여기서 잠깐!　　　　**N잡러는 결손금으로 절세가 가능하다?**

근로소득과 사업소득이 있는 N잡러가 사업에서 쓴 돈이 많아 적자가 난 경우를 생각해 봅시다. 이때 사업소득에 대해 기장을 하면 결손금을 인정받을 수 있습니다. 종합소득세를 계산할 때 사업소득에서 발생한 결손금을 근로소득과 합산하여 신고하면 종합소득이 감소하지요. 이를 통해 소득세를 절감할 수 있습니다.

② 기장을 하지 않으면 이월결손금공제를 받지 못한다

적자라서 낼 세금도 없으니 장부 기장을 할 필요가 없다고 생각하는 것은 장기적으로 손해입니다. 올해 적자가 나서 결손금이 생겼다면, 이 결손금을 향후 15년 동안 소득에서 공제할 수 있습니다. 이것을 '이월결손금공제'라고 합니다. 기장을 하지 않으면 적자를 인정받을 수 없으니, 당연히 이월결손금공제도 받을 수 없습니다.

③ 기장을 해야 필요경비가 늘어난다

기장을 하면 현금으로 지출하지 않은 회계상 비용(대손상각비, 퇴직급여, 감가상각비 등)도 필요경비로 인정받을 수 있습니다. 기부금은 기부금 영수증이 있더라도 장부에 기록한 경우에만 필요경비로 인정받을 수 있습니다.

④ 기장을 하지 않으면 가산세를 부담해야 한다

사업자가 장부를 기장하지 않으면 무기장가산세(미기장 세액의 20%)가 부과됩니다(단, 소규모사업자[2]는 제외).

---

2 무기장가산세를 적용받지 않는 소규모사업자:
   - 신규로 사업을 개시한 사업자
   - 직전연도 사업소득의 수입금액이 4,800만 원 미만인 자
   - 원천징수되는 보험 모집수당 등으로 간편장부대상자가 받는 해당 사업소득만 있는 자

⑤ 기장을 하면 세액공제를 해 준다

간편장부대상자가 복식부기로 기장하여 소득세를 신고할 경우, 기장세액공제(종합소득산출세액 × 기장한 소득금액 비율 × 20%, 100만 원 한도)를 받을 수 있습니다. 세액공제는 소득세 산출세액에서 직접 공제되는 금액입니다. 세액공제가 100만 원이라는 것은 세금이 100만 원 줄어든다는 의미입니다.

기장할 때 헷갈리는 업종별 수입금액 기준

간편장부와 복식부기, 경비율(단순·기준) 등 기장 의무를 이야기할 때마다 업종별 수입금액 기준이 달라서 헷갈리는 경우가 많지요. 그래서 한눈에 보기 쉽게 정리했습니다. 본인의 업종과 수입금액을 기준으로 장부 기장을 어떻게 해야 할지 판단해 보세요.

헷갈리는 업종별 수입금액 기준(직전연도) 정리

업종	기장		추계	
	간편장부	복식부기	단순경비율[3]	기준경비율
가	3억 원 미만	3억 원 이상	6,000만 원 미만	6,000만 원 이상
나	1억 5,000만 원 미만	1억 5,000만 원 이상	3,600만 원 미만	3,600만 원 이상
다	7,500만 원 미만	7,500만 원 이상	2,400만 원 미만	2,400만 원 이상

- 가: 농업·임업·어업, 광업, 도매 및 소매업(상품중개업 제외), 부동산매매업, 이외 아래에 해당하지 않는 사업
- 나: 제조업, 숙박·음식점업, 전기·가스·증기 및 공기조절 공급업, 수도·하수·폐기물처리·원료재생업, 건설업(비주거용 건물 건설업 제외), 부동산 개발·공급업(주거용 건물 개발·공급업 한정), 운수업·창고업, 정보통신업, 금융 및 보험업, 상품중개업
- 다: 부동산임대업, 부동산업(부동산매매업 제외), 전문·과학·기술서비스업, 사업시설관리·사업지원·임대서비스업, 교육서비스업, 보건업·사회복지서비스업, 예술·스포츠·여가 관련 서비스업, 협회·단체, 수리 및 기타 개인서비스업, 가구 내 고용활동
  - 욕탕업: 기장의무-'나'군, 경비율-'다'군
  - 면세되는 인적용역: 기장의무-'다'군, 경비율-'나'군

---

3 해당연도 수입금액: 단순경비율 적용대상자의 해당연도 수입금액이 복식부기의무자 기준에 해당할 때는 기준경비율 적용

신고만 잘해도 돈 버는 소득세 신고

34

신고 및 납부 기한만 잘 기억해도 손해는 안 본다!

사업자가 절세를 하기 위해 가장 먼저 기억해야 할 것이 있습니다. 바로 세금의 신고와 납부 기한입니다. 수많은 절세 방법이 난무하지만, 제때 세금을 신고하지 않고 납부하지 않으면 어차피 다 무용지물입니다. 오히려 가산세 폭탄만 터질 뿐이지요.

종합소득세 신고는 5월 31일!

종합소득세: 5월 31일

올해 생긴 종합소득에 대한 소득세는 다음연도 5월 1일부터 5월 31일까지 신고해야 합니다. 국세청 홈택스를 통해 전자신고를 해도 되고, 세무서에 서면으로 신고서를 제출해도 됩니다.

잊지 말자, 지방소득세: 5월 31일!

소득세뿐만 아니라 지방소득세도 5월 31일까지 신고해야 합니다. 지방소득세 역시 전자신고(위택스) 또는 서면신고를 할 수 있습니다.

여기서 잠깐!　　　　　　　　　　　**지방세는 위택스로!**

국세에 홈택스가 있다면 지방세에는 위택스(WeTax)가 있습니다. 위택스는 지방세 및 지방 공공요금 관련 신고와 납부를 할 수 있는 사이트 (www.wetax.go.kr)입니다. 홈택스에서 종합소득세를 전자신고하면 위택스로 바로 이동하며, 클릭만으로 지방소득세 신고를 완료할 수 있습니다.

매출이 많은 사업자는 종합소득세를 6월에 신고한다!

무명이었던 가수가 경연프로그램에서 우승한 뒤, 종합소득세를 6월에 신고했다고 해서 세금 관련 종사자들 사이에서 화제가 된 적이 있습니다. 종합소득세 신고는 5월에 하는 것이 일반적이지만 돈을 잘 버는 사업자는 6월에 신고하기도 합니다. 이 소식에 "무명 가수도 유명해지면 단기간에 돈을 잘 버는구나"라며 감탄했던 것이지요.

매출 규모[4]가 큰 개인사업자는 종합소득세(지방소득세 포함) 신

여기서 잠깐!   ## 회사는 회계감사, 개인은 성실신고확인

성실신고확인대상사업자는 소득세를 신고할 때, 사업소득금액이 적정하게 산정되었는지 외부 전문가(공인회계사, 세무사, 회계법인, 세무법인)로부터 확인을 받아야 합니다. 이것을 '성실신고확인'이라고 합니다. 증명서류 등을 근거로 장부를 성실하게 작성했는지, 세금 계산을 정확하게 했는지 확인하는 것으로 사업자에게는 상당히 번거롭고 힘든 과정입니다. 성실신고확인대상자는 근로자처럼 의료비, 교육비, 월세 지출액에 대해 세액공제를 받을 수 있으며, 성실신고확인을 위해 외부 전문가에게 지출한 비용의 60%를 소득세에서 공제(120만 원 한도)받을 수 있습니다.

---

4   수입금액(해당연도)에 따른 업종별 성실신고확인대상사업자
  - 15억 원: 도매·소매업(상품중개업제외), 농업·임업·어업, 광업, 부동산매매업, 기타
  - 7억 5,000만 원: 제조업, 숙박·음식점업, 정보통신업, 금융 및 보험업, 상품중개업 등
  - 5억 원: 부동산임대업, 사업시설관리·사업지원·임대서비스업, 교육서비스업, 수리·기타 개인서비스업, 가구 내 고용활동, 전문직사업자 등

고를 할 때, 외부 전문가가 확인하고 작성한 '성실신고확인서'를 세무서에 함께 제출해야 합니다. 성실신고확인서 제출자는 소득세를 6월 30일까지 신고·납부할 수 있습니다(기한 1개월 연장).

세금도 할부가 될까? 종합소득세 분할납부

종합소득세는 신고기한까지 납부하는 것이 원칙입니다. 다만, 납부할 소득세가 1,000만 원을 넘으면 세금 일부를 나누어 낼 수 있습니다. 이것을 '분할납부' 또는 '분납'이라고 합니다. 분납기한은 납부기한으로부터 2개월 이내입니다. 지방소득세도 납부할 금액이 100만 원을 넘으면 분납이 가능합니다.

분납할 수 있는 금액은 납부할 세액이 얼마인지에 따라 다음과 같이 계산합니다.

종합소득세의 분납

납부할 세액	분납 가능 금액	분납 기한
2,000만 원 이하	1,000만 원 초과 금액	2개월
2,000만 원 초과	납부할 세액의 50% 이하	2개월

지방소득세의 분납

납부할 세액	분납 가능 금액	분납 기한
200만 원 이하	100만 원 초과 금액	2개월
200만 원 초과	납부할 세액의 50% 이하	2개월

매년 11월, 미리 내고 정산받는 중간예납

종합소득이 있는 거주자는 1월에서 6월까지를 '중간예납 기간'으로 해서, 이 기간에 대한 종합소득세를 11월 30일까지 납부해야 합니다. 이것을 종합소득세 '중간예납'이라고 하는데, 세무서에서 세금을 계산(작년 세금의 절반)해서 고지서를 보내 줍니다.

- **고지**: 매년 11월 납세고지서 발부
- **납부기한**: 11월 30일

올해 11월에 낸 중간예납세액은 내년 5월에 1년분 종합소득세를 계산할 때 공제해 줍니다. 상반기에 대한 소득세는 이미 중간예납으로 냈으니, 당연히 세금을 중복으로 낼 필요가 없는 것이지요.

작년에는 소득세를 냈지만 올해 상반기에는 실적이 떨어졌다면, 상반기 실적을 직접 계산하여 중간예납 세액을 줄일 수 있습니다('소득세 중간예납추계액 신고').

종합소득이 있는 거주자는 원칙적으로 소득세 중간예납을 해야 합니다.

중간예납을 안 해도 되는 사람이 있다

지금까지 부업을 하면서 중간예납을 해본 적이 없는데, 이게 무슨 말인가 의아하거나 걱정이 되는 N잡러도 있을 것입니다. 그러나 걱정할 필요는 없습니다.

신규사업자, 중간예납세액이 50만 원 미만인 사람, 다음과 같은 일부 소득만 있는 사람 등은 중간예납 납부 대상에서 제외되니까요.

- 이자·배당·근로·연금·기타소득
- 저술가·화가·배우·가수 등 자영예술가
- 직업선수·코치 등 기타 스포츠서비스업 제공에 따른 소득 등

따라서 부업을 막 시작해서 아직 기타소득만 있거나 인세, 원고료, 출연료 등 예술가로서의 사업소득이 있는 N잡러라면 중간예납 고지서를 받을 일이 아예 없습니다.

중간예납도 분납이 된다!

중간예납도 납부할 세액이 1,000만 원이 넘는다면 분납이 가능합니다. 중간예납 고지서로 세금을 낼 때 분납할 금액을 뺀 나머지 금액만 납부하면, 미납한 세금은 자동으로 분납 처리가 됩니다. 이때 세무서에서 분납분 고지서를 내년 1월에 다시 보내 주는데요, 1월 31일까지 납부하면 됩니다.

필요경비 제대로 인정받는 법

35

돈을 썼다고 다 경비로 인정받는 것은 아니다!

필요경비를 잘 관리해야 소득세를 줄일 수 있습니다. 수입금액에서 필요경비를 뺀 소득에 대해 세금을 내는 구조이기 때문입니다. 소득세를 줄이자고 경비를 무작정 많이 쓸 수는 없습니다. 결국 필요한 만큼 쓰고, 쓴 돈은 경비로 최대한 인정받는 것이 절세의 핵심입니다.

출발은 적격증빙을 받는 것입니다. 그런데 다음과 같은 지출은 증빙이 있건 없건, 필요경비로 인정받지 못합니다.

업무와 관련 없는 비용

사업이 아니라 개인적으로 쓴 돈(가사 관련 비용)은 필요경비로 인정받지 못합니다. 생활비, 자녀 학원비, 주택 마련을 위한 차입금지급이자, 해외여행 비용 등은 사업과는 관계없이 지출한 비용이므로 필요경비에서 제외됩니다.

벌금, 과료, 과태료, 가산금, 가산세 등

사업을 하다 보면 부득이하게 법을 위반하거나, 의무를 이행하지 못해 벌금이나 과태료, 가산세 등을 부담하기도 합니다. 이처럼 각종 의무 불이행으로 인해 내는 벌금 등은 사업상 어쩔 수 없이 발생했다고 해도 필요경비로 인정받지 못합니다. 경비로 인정해 주지 않는 것은 의무 불이행에 따른 추가 페널티라고 보면 됩니다.

필요경비로 인정받는 지출

자, 그럼 어떤 비용을 경비로 인정받을 수 있을까요?

- **매입비용**: 상품·제품·원료·소모품 등의 매입비용, 외주가공비, 운반비 등
- **인건비**: 사업을 위해 고용한 직원이나 아르바이트생 등에게 지급하는 급여와 퇴직금 등
- **공과금**: 사무실의 전기·가스·수도 요금, 통신비 등
- **임차료**: 사무실 임차료와 관리비
- **기타**: 소모품비, 수수료, 여비교통비, 광고비 등

여기서 알 수 있듯, 사업을 하는 데 실제로 필요한 비용은 대부분 필요경비로 인정됩니다. 다만, 실제로 사업을 위해 지출했다는 점을 증명해야만 필요경비로 인정받을 수 있으니, 기장을 꼼꼼하게 하고 적격증빙을 잘 챙겨 둬야겠지요?

까다로운 업무추진비와 경조사비

사업을 하다 보면 거래처와 식사도 해야 하고 선물도 보내게 됩니다. 경조사비를 내야 하는 경우도 왕왕 있고요. 그런데 접대 목적으로 지출한 비용(업무추진비)은 필요경비로 인정받기가 까다롭습니다. 소비성 지출이나 불건전한 지출을 억제하기 위해 일정한 금액 한도 안에서만 경비로 인정해 주기 때문입니다. 특히, 업무추진비(접대비)의 경우 적격증빙을 받지 않으면 아예 필요경비로 인정받을 수 없으니 주의해야 합니다(건당 3만 원 이하 지출 제외).

결혼식과 장례식 등에서 지출하는 경조사비에 대해서는 건당 20만 원까지는 적격증빙이 없어도 업무추진비로 처리할 수 있습니다. 다만, 실제로 경조사가 있었다는 것을 확인할 수 있는 청첩장이나 부고장 등을 보관해야 합니다.

좋은 일도 하고 경비도 인정받는 일석이조, 기부금

직장인들은 기부금을 내면 기부금세액공제를 받을 수 있습니다. 사업자는 어떨까요? 기부금은 사업과 직접적인 관련성 없이 지출했어도 좋은 일을 장려하는 취지에서 경비로 인정해 줍니다. 다만, 사업자가 기부금을 내고 장부에 비용으로 기록한 경우에만 필요경비로 처리할 수 있습니다(그래서 추계를 통해 소득세를 계산하는 사업자는 기부금을 내고 영수증까지 받아 뒀더라도 필요경비로 인정받을 수 없습니다).

기부금 중에서도 정치자금·법정·지정기부금, 우리사주조합 기부금 등 세법에서 정한 기부금만 일정 한도 내에서 경비로 인정받을 수 있습니다. 요건을 충족하지 못하는 비지정기부금은 경비로 인정받지 못합니다.

자동차는 구매하는 것이 좋을까, 빌리는 것이 좋을까?

사업자는 경비 처리 때문에 차를 렌트하거나 리스(임차)하는 것이 유리하다고 말하는 사람들이 있습니다. 그러나 이 말이 무조건 맞는 것은 아닙니다. 차량을 임차했다면 매월 지급한 임차료를 필요경비로 처리합니다. 차량을 임차하는 대신 업무용 승용차를

4,000만 원에 구입했다면 향후 5년에 걸쳐 감가상각비를 800만 원 (4,000만 원 ÷ 5년[5])씩 필요경비로 공제할 수 있습니다. 결과적으로 차량의 구입 또는 임차 여부와 상관없이 경비 처리가 가능합니다.

---

[5] 복식부기의무자는 업무용 승용차에 대해서 내용연수 5년, 정액법으로 감가상각해야 합니다.

소득세 절세,
이렇게 하면 된다!

36

알기만 해도 세금이 줄어드는 비법

소득이 줄면 세금도 줄어듭니다. 그런데 이런 당연한 방법 말고도 소득세를 줄일 수 있는 비법이 있습니다.

노란우산공제(소득공제)

사업자가 소기업·소상공인 공제(노란우산공제)에 가입하여 납부하는 공제부금은 최대 연 600만 원(2025년 납부분부터 적용, 2024년 납부 부금의 경우 500만 원)까지 소득에서 공제받을 수 있습니다.

기본공제(소득공제)

직장인이 연말정산을 할 때 가장 중요한 절세 항목이 있습니다. 바로 '부양가족 1명당 일정 금액을 소득에서 공제'받는 기본공제입니다. 사업자도 기본공제를 받을 수 있으니, 잊지 말고 챙겨야 합니다.

여기서 잠깐!　　　　　　　　　　　　　**노란우산공제란?**

소기업·소상공인 공제부금을 '노란우산공제'라고 하는데요, 소기업·소상공인이 폐업·노령·사망 등의 위험으로부터 생활 안정을 기하고 사업 재기 기회를 얻을 수 있도록 「중소기업협동조합법」제115조에 따라 운영되는 공적 공제제도입니다. 누구나 가입할 수 있는 것은 아니고, 사업체가 소기업·소상공인 범위에 포함되는 개인사업자나 법인의 대표인 경우에 가입할 수 있습니다.

연금계좌세액공제

사업자도 연금 상품에 가입해서 돈을 입금할 경우, 납입한 금액(납입한도 900만 원)의 일정 비율(12~15%)만큼을 세금에서 공제(세액공제)받을 수 있습니다. 노후 대비 목적으로 저축했는데 소득세도 줄여주니 그야말로 '일석이조'입니다.

기장세액공제

간편장부대상자가 복식부기로 장부를 기록하면 기장세액공제를 받을 수 있습니다(기장세액의 20%, 100만 원 한도).

외국납부세액공제

사업자가 외국에서 소득을 얻으면 그 나라에서 소득세를 원천징수하는 경우가 있습니다. 같은 소득에 대해 미국에서도 세금을 내고 한국에서도 세금을 내야 한다니, 이렇게 억울할 수가 있을까요! 이 억울함은 '외국납부세액공제'를 통해 풀 수 있습니다. 예를 들어, 유튜버가 구글 애드센스를 통해 미국에서 소득을 얻으면 미국에서 소득세를 원천징수합니다. 이 경우, 유튜버는 외국에서 낸 원천세를 종합소득세에서 공제할 수 있습니다(공제 한도 있음).

세액감면

사업자는 다양한 세액감면과 공제를 적용받습니다. 그중 '창업 중소기업 등에 대한 세액감면'은 처음으로 사업자등록을 한 사업자가 활용할 수 있는 대표적인 혜택(2027년 12월 31일까지 적용)인데요, 사업자가 감면 대상 업종으로 사업자등록을 한 경우에 5년 동안 매년 소득세를 최대 100%(연간 5억 원 한도)까지 감면받을 수 있습니다. 감면 대상 업종은 다음과 같습니다.

광업, 제조업, 수도·하수 및 폐기물 처리, 원료 재생업, 건설업, 통신판매업, 물류산업(운송업, 화물 취급업, 보관 및 창고업, 도선업 파레트 임대업 등), 음식점업, 정보통신업(비디오물 감상실 운영업, 뉴스제공업, 블록체인 기반 암호화자산 매매 및 중개업 제외), 정보통신을 활용하여 금융서비스를 제공하는 업종(전자금융업무, 온라인소액투자중개, 소액해외송금업무), 전문·과학 및 기술 서비스업(엔지니어링사업 포함, 변호사업 등 전문서비스업 제외), 사업시설 관리 및 조경 서비스업, 사업지원서비스업, 사회복지서비스업, 예술, 스포츠 및 여가 관련 서비스업(자영예술가, 오락장 운영업 등 제외), 개인 및 소비용품 수리업, 이용 및 미용업, 관계 법령에 따른 직업기술 분야를 교습하는 학원을 운영하는 사업 또는 직업능력개발훈련시설을 운영하는 사업 등, 「관광진흥법」에 따른 관광숙박업, 국제회의업, 테마파크업 등 「노인복지법」에 따른 노인복지시설을 운영하는 사업, 「전시산업발전법」에 따른 전시산업

세액감면율은 사업자의 나이, 사업장 소재지에 따라 다음과 같이 달라집니다.

사업자의 나이, 사업장 소재지에 따른 세액감면율[6]

구분	수도권과밀억제권역	수도권과밀억제권역 밖	
		수도권[※]	수도권 밖
일반	-	5년 25%	5년 50%
청년[7] 등	5년 50%	5년 75%	5년 100%

※ 수도권 감면율(25%, 75%): 2026년 1월 1일 이후 창업분부터 적용 - 2025년 12월 31일까지 수도권 창업 시 수도권 밖 감면율(50%, 100%) 적용

---

6 창업중소기업 등에 대한 세액감면은 현행 세법이 아니라 사업자등록 시점의 세법을 따릅니다. 세법은 자주 바뀌기 때문에 관련 규정에 대한 면밀한 검토가 필요합니다.

7 청년: 창업 당시 15세 이상 ~ 34세 이하(병역이행 시 해당 기간을 연령에서 차감)

세액감면은 사업자등록 시점부터가 아니라 최초로 소득이 발생하는 해부터 5년 동안 적용되므로, 창업 초기에 적자가 나서 낼 세금이 없더라도 걱정할 필요가 없습니다.

사업장이 어디에 있는지에 따라 세액감면율에도 크게 차이가 납니다. 예를 들어, 송도·청라·영종(인천경제자유구역), 파주시, 김포시, 안산시, 화성시 등은 수도권이지만 과밀억제권역에는 해당하지 않아 세액감면을 받기에 유리합니다.

여기서 잠깐!　　　　　　　　**수도권과밀억제권역이란?**

「수도권정비계획법」에 따라 수도권의 인구와 산업을 적정하게 배치하기 위해 수도권을 과밀억제권역, 성장관리권역, 자연보전권역 등 일정 권역으로 구분합니다. 과밀억제권역은 수도권 중에서도 인구와 산업이 지나치게 집중되었거나 집중될 우려가 있어 이전 또는 정비할 필요가 있는 지역을 말합니다.

> (과밀억제권역) 서울특별시, 인천광역시(인천경제자유구역, 남동 국가산업단지, 일부 지역 등 제외), 의정부시, 구리시, 남양주시(일부 지역), 하남시, 고양시, 수원시, 성남시, 안양시, 부천시, 광명시, 과천시, 의왕시, 군포시, 시흥시(반월특수지역 제외) 등

절세에 회계 한 스푼 얹어볼까? 37

실제로 지출하지 않아도 미리 인식하는 비용

장부 기장을 하는 사업자는 회계를 활용하여 세금을 줄일 수 있습니다. 회계에서는 현금을 지출하지 않았는데도 비용을 기록하는 경우가 종종 있는데요, 세금 신고를 할 때 필요경비로 일부 인정받을 수 있습니다.

대손상각비

회계에서는 돈을 빌려주고 돌려받지 못할 것이 뻔히 보이면, 돈을 떼여 발생할 손해를 미리 비용으로 기록합니다. 이것을 '대손상각비'라고 합니다. 사업자가 대손상각비를 장부에 비용으로 기록하면 일정 범위 내에서 필요경비로 인정받을 수 있습니다. 장부에 대손상각비를 기록하지 않았다면 필요경비로 인정받지 못합니다.

퇴직급여

회계에서는 직원이 퇴사할 때를 대비해 퇴직금의 일정 부분을 매년 비용으로 미리 인식합니다. 사업자가 직원에 대한 퇴직급여를 장부에 비용으로 기록한 경우, 일정 범위 내에서 필요경비로 인정받을 수 있습니다.

사용하는 기간에 나눠서 인식하는 감가상각비

회계에서는 자동차나 건물 등을 사면서 목돈을 지출하면, 처음에는 자산으로 기록해 두었다가 미래에 해당 유형자산을 사용하는 기간에 걸쳐 비용으로 인식하도록 합니다. 이렇게 매년 인식하는 비용을 '감가상각비'라고 합니다. 예를 들어 4,000만 원짜리 자동차를 구입하고 5년간 정액법[8]으로 감가상각한다면, 향후 5년간 매년 800만 원(4,000만 원 ÷ 5년)을 감가상각비로 장부에 기록합니다. 사업자가 장부에 감가상각비를 기록한 경우, 일정 범위 내에서 필요경비로 인정받을 수 있습니다.

---

8 정액법: 감가상각비를 매년 균등하게 하는 감가상각 방법

38

사람을 써야 한다면, 원천세를 기억하자!

직원을 고용하면 원천세와 4대 보험이 골치

사업 규모가 커지면서 직원을 고용하게 되면 사업자가 챙겨야할 것들이 많아집니다. 대표적인 것이 원천세와 4대 보험입니다. 직원을 고용하는 순간부터 사업자는 매월 원천징수할 원천세와 4대 보험이 얼마인지 일일이 계산해서 적시에 세금을 신고하고, 세금과 보험료를 납부해야 합니다. 생각만 해도 골치가 아픈데요, 최소한 어떤 일을 해야 하는지 정도는 알아 두어야 합니다.

원천세 기본사항

원천세는 ①소득을 지급하는 자가 ②소득을 지급할 때 미리 떼어 놓는 ③소득자의 세금(소득세와 지방소득세)입니다. 소득을 지급하는 자가 소득자를 대신해서 소득자의 세금을 납부해 주는 구조입니다.

① **소득을 지급하는 자**: 원천징수의무자

② **소득을 지급할 때 미리 떼어 놓는**: 원천징수

③ **소득자의 세금**: 소득세와 지방소득세

직장인이나 1인 프리랜서는 세금을 떼이기만 해서 신경 쓸 일이 없었다면, 사업자는 원천징수를 해야 하므로 세금 계산, 납부 등 고려할 것이 많습니다. 직원뿐만 아니라 면세되는 프리랜서를 고용할 때도 세금을 원천징수해야 합니다. 사업 규모가 커지는 만큼 번거로운 일도 많아지는 것이지요.

직원이 많지 않을 때는 홈택스나 기타 프로그램의 도움을 받아 직접 원천세 제반 업무에 도전해 볼 수 있습니다. 그러나 직원이 많으면 비용이 들더라도 세무 대리인에게 맡기는 것이 효율적일 수 있습니다.

원천징수의 다른 이름, 특별징수

소득세를 원천징수할 때는 소득세와 소득세의 10% 상당액인 지방소득세를 함께 뗍니다. 소득세는 세무서에 내고, 지방소득세는 구청이나 시청 등 지방자치단체에 납부합니다. 그런데 「지방세법」에서는 원천징수를 '특별징수'라고 합니다. 원천징수와 특별징수는 사실상 동일한 개념인지라 원천징수로 불러도 무방하지만 "소득세는 원천징수하고, 지방소득세는 특별징수한다"가 맞는 표현이긴 합니다.

원천징수해야 하는 소득이 따로 있다!

원천징수의무자는 소득자에게 다음의 소득을 지급할 때 세금을 원천징수합니다('원천징수의무').

이자소득, 배당소득(예외 있음), 면세사업자인 프리랜서의 사업소득[9], 근로소득(예외 있음), 연금소득, 기타소득(예외 있음), 퇴직소득(예외 있음), 봉사료(예외 있음) 등

---

[9] 면세사업자인 프리랜서의 사업소득: 개인이 물적 시설 없이, 근로자를 고용하지 않고 독립된 자격으로 용역을 공급하고 대가를 받는 인적용역 소득

사업자가 특히 신경 써야 하는 원천징수 대상 소득은 직원에게 지급하는 근로소득(월급, 상여금 등), 면세되는 프리랜서로부터 용역을 공급받고 지급하는 사업소득, 일시적으로 인적용역을 공급받고 지급하는 기타소득 등입니다.

원천징수는 왜 하는 걸까?

일반인이 돈을 벌 때마다 매번 세금을 납부하기란 현실적으로 어렵습니다. 그래서 소득을 지급하는 자가 소득을 지급할 때 아예 세금을 원천징수하여 대신 납부하게 했는데, 과세관청은 세금이 누락될 염려가 줄어들고 소득자는 복잡한 세금 신고를 하지 않아도 되어서 좋습니다. 물론 원천징수의무자는 번거롭고 불편해졌지만요.

원천징수를 하지 않으면 벌어지는 일들

불필요한 가산세가 부과된다!

원천징수의무자가 원천세를 제대로 납부하지 않으면 가산세(원천징수 등 납부지연가산세, 미납세액의 3% + 납부지연 기간의 이자상당액)가 부과됩니다.

남의 세금을 부담해야 할 수도 있다

원천징수를 했든 하지 않았든, 원천징수의무자는 원천세를 납부해야 합니다. 원천징수를 제대로 하지 않았다가 나중에 적발되어 세금을 내게 되면 소득자 대신 원천징수의무자가 세금을 부담해야 할 수도 있습니다. 그러니 소득을 지급할 때부터 제대로 원천징수를 해야 합니다.

원천징수 1단계, 원천세 계산하기!

원천징수는 원천징수 → 신고·납부 → 지급명세서 제출의 3단계로 이루어집니다. 먼저, 원천징수할 세금을 계산하려면 어떤 소득을 지급하는지부터 확인해야 합니다. 소득마다 원천징수 세율, 세금 계산 방법 등이 모두 다르기 때문입니다. 다음의 표는 소득별 원천징수 세율을 요약해 놓은 것입니다.

다행스럽게도 일반근로자에게 월급을 줄 때는 원천세를 복잡하게 계산하지 않아도 됩니다. 앞서 직장인의 세금에서 살펴보았듯이, 국세청 홈택스에서 원천세 금액을 조회하거나 간이세액표를 통해 원천징수할 소득세를 간단히 확인할 수 있습니다.

소득별 원천징수 세율

	대상 소득	세율(지방세 포함)
사업소득	면세되는 프리랜서 등	3.3%
근로소득	일반근로자(매월 받는 급여 등)	간이세액표
	일용근로자(일당 15만 원 초과)	6.6%
퇴직소득	퇴직금 등	기본세율
기타소득	일시적·우발적 소득	22%

원천징수 2단계, 매월 원천세 신고·납부하기!

매월 신고·납부가 원칙

소득을 지급할 때마다, 지급한 달의 다음 달 10일까지 원천세를 신고·납부합니다(8월 2일 소득 지급 시 9월 10일까지 신고·납부).

고용인원이 적으면 1년에 2회만!(반기납부)

직전연도의 상시 고용인원이 20명 이하인 원천징수의무자는 원천세를 반기마다(1년에 2회) 신고·납부하는 '반기납부'를 세무서에 신청할 수 있습니다. 반기납부 승인을 받은 경우, 원천세는 징수일이 속하는 반기의 마지막 달의 다음 달 10일까지 신고·납부하면 됩니다(8월 2일 소득 지급 시 다음연도 1월 10일까지 신고·납부).

세금을 자주 납부하지 않아서 편하기는 하지만, 소득세를 한 번에 몰아서 납부하다 보니 목돈을 지출하는 상황이 생깁니다. 자금 계획을 미리 세워 두지 않으면 세금 납부가 부담스러울 수 있으니, 주의해야 합니다.

과세관청에 신고한다!

원천징수의무자는 원천징수한 소득세와 지방소득세를 신고기한까지 각 과세관청에 신고하고 납부해야 합니다.

- **소득세**: 관할 세무서(전자신고·납부 가능)
- **지방소득세**: 관할 지방자치단체(전자신고·납부 가능)

이때 제출하는 신고서가 '원천징수이행상황신고서(지방소득세 특별징수분신고서)'인데요, 한 달(반기납부는 6개월) 동안의 원천징수 상황(소득 총액, 원천세 총액, 인원수 등)을 요약해서 신고하는 서

소득 지급시기 및 신고·납부기한

구분	소득 지급시기	신고·납부기한
일반	매월	다음 달 10일
반기납부	1 ~ 6월	7월 10일
	7 ~12월	1월 10일

식입니다. 누가, 얼마나 받았는지와 같은 개별적인 정보는 신고하지 않습니다.

원천징수 3단계, 지급명세서 제출하기!

원천징수 프로세스의 마지막인 '지급명세서 제출하기' 단계입니다. 지급명세서는 소득자별로 소득이 얼마인지, 세금은 얼마이고, 어떻게 계산했는지 등을 보여주는 서류인데요, 홈택스를 통해 소득별로 정해진 시기까지 전자 제출하는 것이 원칙입니다.

지급명세서를 늦게 제출하거나, 내용이 사실과 다른 경우에는 가산세(지급금액의 1%, 일용근로소득 0.25%)가 부과되니 주의해야 합니다.

또한, 원천징수의무자는 소득자에게 '원천징수영수증'을 발급해

지급명세서 제출시기

구분	제출시기
근로소득, 퇴직소득 원천징수 대상 사업소득	다음연도 3월 10일
일용근로소득	지급일이 속하는 달의 다음 달 말일
기타소득 등	다음연도 2월 말일

야 합니다. 원천징수영수증은 지급한 소득과 원천징수한 세금이 얼마였는지를 확인해 주는 영수증 역할을 합니다. 사실 지급명세서와 원천징수영수증은 동일한 서식을 사용하는 같은 서류입니다. 따라서 과세관청에 제출한 지급명세서를 그대로 소득자에게 발급해 주면 됩니다.

여기서 잠깐! **간이지급명세서란 무엇일까?**

국세청은 저소득 가구를 지원하기 위해 근로장려금과 자녀장려금 제도를 시행하고 있습니다. 수급대상자에게 장려금 신청안내 자료를 배포하려면 개인의 소득 수준을 미리 파악해야 하므로, 국세청은 원천징수의무자에게 지급명세서와는 별개로 연도 중에 '간이지급명세서'라는 것을 제출하도록 했습니다(미제출 시 가산세 0.25%). 소득별 간이지급명세서 제출시기는 다음과 같습니다.

- **근로소득(일용근로자 제외)**: 지급일이 속하는 반기의 마지막 달의 다음 달 말일(1년에 2회 제출)[10]
- **원천징수 대상 사업소득, 인적용역 관련 기타소득**: 지급일이 속하는 달의 다음 달 말일

---

10 근로소득 간이지급명세서: 2026년 1월 1일 이후 지급분부터 소득 지급일이 속하는 달의 다음 달 말일까지

소득 종류마다 다른 원천징수

39

근로소득은 특별히 신경 쓴다, 연말정산 의무!

직원이 있을 때는 '연말정산'을 신경 써야 합니다. 매월 급여를 지급할 때 간이세액표에 따라 세금을 원천징수한 뒤, 다음연도 2월이 되면 지난 1년간 근로소득에 대한 소득세가 얼마인지 정확하게 계산해야 합니다. 이것이 연말정산입니다. 연말정산이 끝나고 최종 세금이 확정되어야 근로자의 지급명세서(다음연도 3월 10일까지 제출)를 작성할 수 있습니다.

사실 사업자에게는 연말정산이 넘기 힘든 벽입니다. 본인의 연말정산 서류를 챙기는 것도 어려운데, 직원의 연말정산 서류를 받아 남의 소득세를 계산한다? 쉽지 않은 일입니다. 세금 신고를 전담하는 직원을 둘지, 세무 대리인을 둘지 고민이 필요해지는 시점입니다.

일용근로자라면, 시급이나 일당

아르바이트나 파트타임으로 근무하면서 시급이나 일당을 받는 근로자를 '일용근로자[11]'라고 합니다. 일용근로자의 소득세는 원천징수로 과세가 종결되므로 연말정산이 필요하지 않습니다. 일용근로자의 원천징수 세율은 6.6%이지만, 실제로 세금은 공제 사항 등을 반영하여 다음과 같이 계산합니다.

원천징수할 세금
(일급-15만 원) × 일수 × 6.6% × (1-55%) = (일급 - 15만 원) × 일수 × 2.97%

위의 계산식을 보면 매일 15만 원은 세금을 계산할 때 무조건 급여에서 빼줍니다(근로소득공제). 따라서 일당이 15만 원 이하라면 계산할 세금이 없으므로 원천징수를 할 필요가 없습니다.

일용근로자에게 급여를 지급한 경우에는 지급한 날이 속하는 달의 다음 달 말일까지 지급명세서를 작성하여 과세관청에 제출해야 합니다. 일당이 15만 원 이하라서 원천징수한 세금이 없더라도 지급명세서는 제출해야 한다는 점을 기억하세요.

---

11 세법에서 일용근로자는 근로를 제공한 날 또는 시간의 근로성과에 따라 급여를 계산하는 사람으로서, 근로계약에 따라 동일한 고용주에게 3개월 미만(건설공사 종사자는 1년 미만) 근로를 제공하는 자를 말합니다.

일반근로자 vs 일용근로자

구분	일반근로자	일용근로자
개념	3개월 이상 계속 고용된 근로자, 월정액 급여	3개월 미만 고용된 근로자, 일급 또는 시간급
원천세	근로소득 간이세액표에 따른 세액	(일급-15만 원) × 일수 × 2.97%
연말정산	연말정산 대상	연말정산 대상 아님
지급명세서	다음연도 3월 10일	지급일이 속하는 달의 다음 달 말일
간이 지급명세서	지급일이 속하는 반기의 마지막 달의 다음 달 말일 (2026년 1월 1일 이후: 다음 달 말일)	×

면세받는 프리랜서라면, 사업소득

개인이 인적용역을 제공하고 받는 소득은 사업소득 또는 기타소득으로 구분합니다. 인적용역을 반복적으로 계속 제공한다는 것은 그 용역을 '사업'으로 한다는 의미입니다. 이런 사업자를 프리랜서라고 합니다. 프리랜서가 용역대가로 받는 소득은 사업소득으로 분류합니다.

프리랜서가 과세사업자라면 대가를 지급할 때 원천징수는 고려하지 않아도 됩니다(프리랜서가 세금계산서 발급). 그런데 프리랜서가 물적·인적 시설 없이 인적용역을 제공하는 면세사업자(면세받는 프리랜서)라면, 원천징수의무자가 대가를 지급할 때 소득세를 원천징수해야 합니다.

면세사업자인 프리랜서의 사업소득에 대한 원천징수세율은 3.3%(지방소득세 포함)입니다. 특정한 경우를 제외하고는 연말정산[12]을 하지 않습니다.

원천징수할 세금

지급금액(수입금액) × 3.3%

사업소득에 대한 지급명세서는 다음연도 3월 10일까지, 간이지급명세서는 지급일이 속하는 달의 다음 달 말일까지 제출해야 합니다.

어쩌다 한번 용역을 제공하면, 기타소득

인적용역을 '일시적', '우발적'으로 제공하고 받은 대가는 기타소득으로 분류됩니다. 소득은 소득인데 근로소득도 아니고 사업소득

---

[12] 연말정산 대상 사업소득: 간편장부대상자인 모험모집인, 방문판매원, 음료배달판매원에게 지급하는 사업소득

도 아니지만, 과세는 해야겠기에 '기타 애매한 소득'으로 분류해 둔 것이라고 보면 됩니다.

기타소득을 받는 사람들은 사업자가 아닌 경우가 많습니다. 어쩌다 우발적으로 소득이 발생한 것이니까요. 그래서 원천징수의무자가 아예 처음부터 필요경비까지 반영한 소득에 대해 원천징수를 하게 했습니다.

일시적인 인적용역 대가에 대해서는 60%의 필요경비를 인정(실제 필요경비가 수입금액의 60%를 초과할 경우, 실제 소요된 금액)해주며, 원천징수세율은 22%(지방세 포함)입니다. 따라서 원천징수할 세금은 다음과 같이 계산합니다.

원천징수할 세금

[수익금액 - 필요경비(수입금액의 60%)] × 22%
= 수입금액 × 8.8%

기타소득금액(수입금액-필요경비)이 건마다 5만 원 이하[13]인 경우에는 소득세가 과세되지 않습니다(과세최저한).

여기서 5만 원은 지급한 금액(수입금액)이 아니라, 필요경비를

---

[13] 일반적으로 건당 기타소득금액이 5만 원 이하라면 소득세가 과세되지 않으나, 아래의 경우에는 과세최저한 기준 금액이 다릅니다.
   • 건별 10만 원 이하: 승마투표권, 체육진흥투표권 등의 구매자가 받는 환급금
   • 건별 200만 원 이하: 슬롯머신 및 투전기 등을 이용하는 행위에 참가하여 받는 당첨금품

빼고 남은 금액이라는 점에 주의해야 합니다.

예를 들어 일시적인 인적용역 대가로 12만 5,000원을 지급할 경우, 기타소득금액과 원천징수세액은 다음과 같이 계산합니다.

- 기타소득금액 = 12만 5,000원 - (12만 5,000원 × 60%) = 5만 원(과세 최저한)
- 원천징수세액 = 0

즉, 일시적인 인적용역의 대가로 12만 5,000원 이하를 지급하면, 기타소득금액이 5만 원 이하이므로 소득세가 과세되지 않습니다. 따라서 원천징수를 할 필요가 없습니다.

기타소득에 대한 지급명세서는 다음연도 2월 말까지, 간이지급

인적용역 소득구분: 사업소득 vs 기타소득

구분	사업소득	기타소득
인적용역	계속적 · 반복적	일시적 · 우발적
원천세	수입금액 × 3.3%	수입금액 × 8.8%
연말정산	연말정산하지 않음	연말정산하지 않음
지급명세서	다음연도 3월 10일	다음연도 2월 말
간이 지급명세서	지급일이 속하는 달의 다음 달 말일	

명세서는 지급일이 속하는 달의 다음 달 말일까지 제출해야 합니다. 인적용역 관련 기타소득의 경우, 과세최저한으로 소득세를 원천징수하지 않았더라도 지급명세서는 제출해야 합니다. 단, 사업소득과 기타소득에 대한 간이지급명세서를 매월 모두 제출했다면 지급명세서(연 1회) 제출이 면제됩니다.

사장님의 고민! 직원의 4대 보험

40

사업장 대표의 4대 보험은?

4대 보험에 대해 복습해 볼까요? 1인 사업자는 지역가입자로 국민연금과 건강보험료를 부담합니다. 직원을 고용한 사업자는 사업장(직장)가입자로 보험료를 납부합니다. 사업자는 본인의 고용보험이나 산재보험에 가입할 필요가 없습니다.

직원 유무에 따른 사업장 대표의 4대 보험 가입 여부

직원 유무	건강보험	국민연금	고용보험	산재보험
×	의무 (지역가입)	의무 (지역가입)	–	–
○	의무 (직장가입)	의무 (직장가입)	–	–

직원을 4대 보험에 가입시켜라!

직원을 고용하면 이제 본인의 4대 보험이 문제가 아닙니다. 사업자는 직원을 4대 보험에 가입시키고 보험료를 납부해야 합니다. 국민연금과 건강보험은 사업자와 직원이 보험료를 반반씩 부담합니다. 고용보험은 일부, 산재보험은 사업자가 전액 부담합니다. 사업자가 직원을 위해 부담하는 보험료는 업종에 따라 다르지만, 급여의 약 11% 수준 정도로 생각하면 됩니다. 따라서 직원 채용 계획을 세울 때는 급여의 약 11%가 추가 비용으로 발생한다는 점을 반드시 고려해야 합니다.

4대 보험도 원천징수를 한다고?

사업자는 직원에게 월급을 줄 때, 소득세뿐만 아니라 직원이 부담해야 할 4대 보험료를 원천징수해야 합니다. 이렇게 직원으로부터 떼어 놓은 돈을 사업자 부담분 보험료와 합산해서 다음 달 10일까지 납부하는 것이지요.

결과적으로 직원은 급여를 받을 때, 월급에서 원천세와 4대 보험을 제외한 나머지 금액만 현금으로 받게 됩니다.

4대 보험이 부담스럽다면 집중! 두루누리 지원사업

소규모 사업을 운영하는 사업자와 직원은 고용보험과 국민연금 보험료의 80%를 국가로부터 최대 3년간 지원받을 수 있습니다. 근로자 수가 10인 미만인 사업장에 고용된 근로자 중에서 월평균 보수가 270만 원 미만인 신규 가입 근로자와 그 사업주가 지원 대상입니다(직전연도 재산의 과세표준 합계가 6억 원 이상이거나 직전연도 종합소득이 4,300만 원 이상인 근로자 제외).

직장인이자 사장님인 K씨의 꼼꼼한 절세 전략

Q1. 직장인이면서 개인사업자입니다. 연말정산은 쉽지만, 사업자등록을 하고 세금 신고를 하느라 정신없이 지내다가 가산세를 낸 적이 있습니다. 세금을 신고하고 납부하는 기한을 한눈에 볼 수 있게 정리해 주실 수 있나요?

개인사업자의 세금 신고 및 납부 기한은 다음과 같습니다.

세목	종류	신고·납부 기한		
	형태	일반과세자	간이과세자	면세사업자
부가세	확정신고·납부	제1기: 7월 25일 제2기: 1월 25일	1월 25일	-
	예정고지 (납부)	제1기: 4월 25일 제2기: 10월 25일	7월 25일	-
	사업장현황신고	-	-	2월 10일
소득세	일반사업자	5월 1일 ~ 5월 31일(신고·납부)		
	성실사업자	6월 1일 ~ 6월 30일(신고·납부)		
	중간예납	11월 1일 ~ 11월 3일(고지·납부)		

원천세	일반납부	다음 달 10일
	반기납부	상반기: 7월 10일, 하반기: 1월 10일
	지급명세서 제출	소득에 따라 다음 달 말일, 다음연도 2월 말일, 다음연도 3월 10일
	간이지급명세서 제출	소득에 따라 지급일이 속하는 달(반기)의 다음 달 말일

Q2. 직장을 유지하면서 개인사업자를 영위하고 있습니다. 부양가족공제나 연금저축 공제 등, 연말정산 시 공제받는 항목들은 소득세 신고 시 중복으로 공제가 가능한가요? 또 신용카드로 쓴 비용은 연말정산과 소득세 신고 시 따로따로 공제받나요?

1. 공제 항목

소득공제나 세액공제 등은 연말정산과 종합소득세 신고 시 중복해서 적용할 수 없습니다. 다만, 연말정산을 할 때 누락한 공제 항목이 있다면 종합소득을 신고할 때 반영할 수 있습니다.

근로소득에만 적용할 수 있는 공제 항목도 많지만, 인적공제(기본공제, 추가공제), 연금계좌세액공제 등은 종합소득에서도 공제받을 수 있습니다. 만약 연말정산을 할 때 근로소득금액 또는 세액이 0이 되어 공제받지 못한 공제 항목이 있다면, 종합소득을 신고할 때 종합소득금액과 세액 범위 내에서 공제를 적용받을 수 있습니다.

2. 신용카드

개인적으로 사용한 비용은 사업소득을 계산할 때 필요경비로 인정받을 수 없습니다. 따라서 신용카드 사용 내용은 사업과 관련한 지출 및 개인적인 사용분으로 구분해서 관리해야 합니다. 사업과 관련한 지출은 사업소득을 계산할 때 필요경비로 반영하고, 개인적인 사용분은 근로소득 연말정산 시 신용카드 사용분으로 공제받을 수 있도록 합니다.

신용카드 사용 내용을 관리하는 것은 매우 번거로우므로, 처음부터 사업용과 개인용으로 신용카드를 구분하여 사용하는 것이 좋습니다. 특히, 홈택스에 사업용 신용카드를 등록하여 사용하면 편리합니다.

Q3. 개인사업장에서 동생과 함께 일하고 있습니다. 가족과 일하다 보니 세금과 관련해 오해받는 경우가 많은데, 적법한 방법임을 어떻게 입증해야 할까요? 문제가 될 만한 것은 없을까요?

사업소득을 계산할 때, 가족의 인건비를 필요경비로 처리해서 세금을 줄이는 경우가 종종 있습니다. 가족 인건비는 탈세가 일어나기 쉬운 대표적인 항목으로 국세청에서 특별히 주의 깊게 살펴봅니다. 따라서 실제로 근무하지 않는 가족을 동원하여 허위로 인건비를 기록하는 일은 없어야 합니다.

물론 가족이 실제로 사업장에서 직원으로 일하고 있다면 당연히 인건비를 경비로 처리할 수 있습니다. 다만, 가족에게 지급하는 인건비인지라 국세청에서 의심스럽게 볼 수 있으니, 증빙자료를 더욱 꼼꼼하게 챙겨 두는 것이 좋습니다.

- 근로계약서 작성: 근로조건, 급여, 근무 시간, 업무의 구체적인 내용 등을 명확하게 기재
- 실제 근무했음을 확인할 수 있는 서류 확보: 출근부, 업무일지, 주차 내역, 출입 기록, 업무 분장표, 결재 내역, 업무 관련 메일 등
- 급여 수준의 적정성: 시세와 비교하여 높은 급여는 문제가 될 수 있음

- 계좌 이체를 통한 급여 지급
- 원천세 신고
- 4대 보험 가입 및 납부

PART

6

회사가 커졌다!
법인사업자의 절세 알아보기

승승장구할 땐, 41
법인전환!

법인이 뭐길래?

사업이 술술 풀리고, 돈을 많이 번다면 이보다 더 좋은 일은 없습니다. 다만, 소득이 커질수록 세금도 늘어난다는 게 문제입니다. 사업에 성공하여 소득세 부담이 급격히 증가했다면, 세율이 낮은 법인으로 사업 형태를 바꿀지 고민해 볼 가치가 있습니다.

'법인'은 '법에서 인정한 사람'이라는 뜻인데요, 법인은 사람처럼 통장을 개설할 수 있고, 자산을 소유할 수도 있습니다.

법인으로 사업을 하려면 우선 법인을 '설립'하고 설립등기를 해야 합니다. 자본금을 납입하고(100원 이상), 회사의 임원(대표이사, 이사, 감사 등)과 주주를 구성하는 등 설립 요건을 갖춰야 합니다. 법인은 설립등기를 마쳐야 비로소 사업자등록을 할 수 있습니다.

법인전환이 필요한 경우

다음과 같은 경우라면 법인사업자로 변경할 것을 적극적으로 고려해 볼 수 있습니다.

소득의 증가(낮은 법인세율)

개인사업자의 소득세 세율은 지방세를 포함하여 6.6%(1,400만 원 이하)부터 49.5%(과세표준 10억 초과)입니다. 반면에 법인의 소득세율은 9.9%(2억 원 이하)부터 26.4%(과세표준 3,000억 원 초과)로 개인 소득세율에 비하면 낮은 편입니다. 특히, 법인 소득을 계산할 때 대표자 인건비를 비용으로 인정받을 수 있어서 과세표준이 낮아지는 효과가 있지요.

그러나 단순히 세율만으로 어떤 사업 형태가 절대적으로 유리하다고 말하기는 어렵습니다. 대표이사로서 급여를 많이 받거나 주주로서 배당을 많이 받는다면 결국 높은 소득세율을 적용받습니다. 따라서 법인세와 소득세를 포함하여 전체적인 절세 효과를 고민해야 합니다.

- **대표자 인건비를 적정하게 유지**: 법인의 비용 인정 vs 개인의 근로소득세 부담
- **배당소득을 연간 2,000만 원 이하로 유지**: 원천징수(세율 15.4%)로 과세 종결(금융소득 분리과세 적용)

여기서 잠깐!   **금융소득 종합과세와 분리과세**

개인이 국내 회사로부터 배당금을 받으면 15.4%의 원천세가 발생합니다. 배당과 이자소득을 묶어서 금융소득으로 분류하는데요, 개인의 연간 금융소득이 2,000만 원 이하일 경우 원천징수된 것으로 과세가 종결됩니다(분리과세). 그러나 금융소득이 연간 2,000만 원을 초과하면 다음연도 5월에 금융소득을 다른 종합소득과 합산해서 과세합니다(종합과세).

자금 조달

사업을 확장할 때도 법인이 유리합니다. 자금이 필요하면 투자를 유치하거나 돈을 빌려야 하는데 투자자나 은행은 개인사업자보다는 법인을 더 좋아합니다. 법인은 복식부기에 따른 장부 기장을 하는 등 개인보다 더 신뢰도가 높다고 보기 때문이지요. 특히, 법인은 주식이나 사채를 발행할 수 있어서 이를 통해 외부의 자금을 조달하기도 쉽습니다.

사업 승계

사업에 성공했다면 가족에게 해당 사업을 물려주고 싶은 욕구가 강할 것입니다. 개인사업자는 대표가 바뀌면 사업자를 폐지하고 사업자등록을 다시 해야 하지만, 법인은 대표가 바뀌더라도 그대로 존속합니다. 따라서 법인사업자라면 회사의 주식을 양도하거나 증여함으로써 쉽게 사업을 승계할 수 있지요.

소득 분배

가족 사업을 하면서 배분해야 할 소득금액이 많다면, 구성원 사이에 갈등이 생길 수도 있습니다. 개인사업의 경우 누구에게 얼마나 배분해야 하는지 그 기준이 명확하지 않습니다. 그에 비해 법인은 주식 소유 비율에 따라 회사의 이익을 배분하므로 기준이 명확합니다.

사업자의 책임

개인사업자는 사업에 대해 무한한 책임을 집니다. 반면에 법인이 사업에 실패하면 그 책임은 대표이사나 주주가 아니라 법인이 집니다. 최악의 경우, 주주로서 투자한 투자금을 회수하지 못할 뿐 회사의 빚을 주주가 떠안지는 않습니다.

직장인도 법인을 설립할 수 있을까?

직장인은 사업자등록을 할 수 있고, 당연히 법인도 설립할 수 있습니다. 겸직 이슈는 논외로 치더라도 말이지요. 하나를 설립했는데 두 개, 세 개를 설립하지 못할 리 없습니다. 운영하고 관리할 자신만 있다면 법인의 개수는 문제가 되지 않습니다.

다만, 법인마다 각각 장부를 기록해야 하고, 세금 신고도 각각 해야 합니다. 그만큼 관리하기가 번거롭고 까다로우며 비용이 많이 듭니다.

법인으로 전환하는 방법들

42

개인에서 법인으로!

개인에서 법인으로 사업 형태를 변경하는 것을 '법인전환'이라고 합니다. 다음은 법인전환의 대표적인 유형입니다.

① 법인 설립 후 개인사업자 단순 폐업

개인사업자의 재산이 많지 않다면 개인사업자 폐업 신고를 하고, 법인을 설립한 뒤 새롭게 사업을 시작할 수 있습니다.

② 포괄 사업양수도: 기존 사업을 그대로 승계하려면!

법인을 설립하고 개인사업자와 법인 간의 포괄 사업양수도 계약을 체결한 뒤, 개인사업자의 모든 자산과 권리, 부채를 포괄하여 법인으로 이전하는 방식입니다. 사업을 위해 인허가를 받아두었거나, 기존 사업을 승계하고 싶을 때 유용합니다. 다만, 법인은 개인사업자에게 사업양도에 따른 대가로 현금을 지급해야 합니다.

특정한 요건을 충족하면 개인사업자는 사업 양도에 따른 양도소득세를 면제받고, 각종 세금 감면 혜택을 받을 수 있습니다. 단, 면제받은 소득세는 법인이 양수받은 자산을 처분할 때 납부합니다. 이것을 '양도소득세 이월과세'라고 합니다.

③ 현물출자를 통한 법인 설립: 부동산이 있다면!

개인사업자의 자산(부동산, 영업권 등)을 평가한 후, 이 자산을 출자하여 법인을 설립하는 방법입니다. 법인 설립 시 자본금을 현금 대신 자산으로 투자하는 것이므로, 개인사업자에게 따로 현금을 지급하지 않아도 됩니다. 현물출자로 자산을 법인에 양도했으니 양도소득세 등 각종 세금이 발생합니다. 단, 특정한 요건을 충족하면 양도소득세 이월과세를 적용받을 수 있고 각종 세금 감면 혜택을 받을 수 있습니다.

법인전환을 하면 자산의 양도나 증여, 부동산 취득 등에 따른 세금 문제가 발생합니다. 이처럼 법인전환에 따른 다양한 세무 이슈가 발생할 수 있으니, 충분한 사전 검토가 필요합니다.

그래서 법인전환은 언제 하는 것이 좋을까?

사업에 얼마나 성공해야 법인전환을 고려할까요? 그에 대한 정답은 딱히 없습니다. 다만, 법인전환을 위한 '성공'의 기준으로 업종별로 성실신고확인대상이 되는 수입금액[1] 기준을 참고할 수 있습니다.

성실신고확인대상자가 되면 준비해야 할 것도 많고 신고 절차도 복잡합니다. 그래서 성실신고확인을 하지 않기 위해 법인으로 전환하는 개인사업자도 많습니다.

그런데 이미 성실신고확인대상인 개인사업자가 법인으로 전환하면, 3년 동안은 성실신고 확인 의무를 계속 부담해야 합니다. 이왕에 법인전환을 할 거라면 성실신고확인대상이 되기 전에 하는 것이 이득이겠지요.

---

1   수입금액(해당연도)에 따른 업종별 성실신고확인대상 사업자
  • 15억 원: 도매·소매업(상품중개업제외), 농업·임업·어업, 광업, 부동산매매업, 기타
  • 7억 5,000만 원: 제조업, 숙박·음식점업, 정보통신업, 금융 및 보험업, 상품중개업 등
  • 5억 원: 부동산임대업, 사업시설관리·사업지원·임대서비스업, 교육서비스업, 수리·
    기타 개인서비스업, 가구 내 고용활동, 전문직사업자 등

법인이 반드시
지켜야 할 것들

43

사업 주체가 누구인가?

법인으로 사업을 한다는 것은 ①주주로서 회사를 설립하고, 그와 동시에 ②대표이사로서 법인을 운영한다는 뜻입니다. 이때 사업의 주체는 법인입니다. 법인이 번 돈은 법인의 것이지, 대표이사나 주주의 돈이 아닙니다. 회사가 돈을 아무리 벌었더라도 회사의 돈을 대표이사가 마음대로 꺼내 쓸 수 없습니다. 회사의 대표이사로서 월급을 받거나, 주주로서 배당금을 받는 형태로만 회사의 현금을 사용할 수 있습니다. 대표이사의 인건비는 법인의 비용으로 인정됩니다.

개인사업자의 경우에는 사업의 주체가 본인입니다. 따라서 사업으로 번 돈은 사업자가 모두 자유롭게 쓸 수 있습니다. 사업자의 인건비라는 개념 자체가 없지요. 대신 사업으로 진 빚도 사업자가 모두 부담해야 합니다.

장부 기장 의무가 있는가?

법인은 반드시 복식부기로 장부를 기록해야 합니다. 특히 일정

법인 vs 개인

구분	법인	개인
창업 절차	• 복잡 • 설립등기 필요	• 단순 • 설립등기 불필요
책임	• 출자한 지분 한도 내 책임 부담(주식회사, 유한회사)	• 사업 관련 무한 책임
자금 조달	• 주식·사채 발행 가능 • 자금 조달 쉬움	• 개인의 자본과 노동력, 신용도에 의존 • 자금 조달 한계 • 소자본 창업 가능
자금 인출	• 급여, 배당 등으로만 인출 가능	• 제약 없음
대표 인건비	• 비용 인정	• 비용 인정 불가
기장	• 복식부기 의무 • 복잡·비용 부담	• 추계, 간편장부 가능 • 간편·저렴
외부 감사	• 의무(요건 해당 시)	• 해당 없음
세율	• 9.9~26.4%	• 6.6~49.5%

규모 이상인 법인은 외부감사인에게 회계감사를 받아야 하고 재무
제표를 외부에 공시해야 합니다. 추계를 통해 소득을 계산하거나,
간편장부를 사용해서 기장할 수 있는 개인에 비해 법인의 회계처
리 과정은 복잡합니다.

소득세 대신
법인세 납부!

44

법인, 세금 신고법부터 다르다!

법인의 경우 개인보다 세금이 복잡하고 까다롭습니다. 원천세를 제외하면 세금 신고법부터 다릅니다.

원천세

원천세 신고는 법인과 개인이 동일합니다.

부가세

개인은 부가세를 1년에 2회 신고하고 4회 납부(간이과세자는 1회 신고, 2회 납부)합니다. 반면에 법인은 분기마다(1년에 4회) 부가세를 신고하고 납부해야 합니다. 법인은 간이과세를 적용받을 수 없습니다.

법인세와 소득세

개인사업자는 사업으로 번 소득에 대해 소득세를 납부하고, 법인은 법인세를 냅니다. 법인소득세를 줄여서 법인세라고 부르지요.

개인사업자는 누구나 1월 1일에서 12월 31일까지 1년 동안 얻은 소득에 대해 다음연도 5월(성실신고확인대상자는 6월)에 소득세를 신고하고 납부합니다.

그런데 법인은 보통 1월 1일에서 12월 31일(12월 말 법인)까지, 4월 1일에서 3월 31일(3월 말 법인)까지 등 1년의 기간('사업연도')을 정해서 결산하고, 해당 기간의 소득에 대해 법인세를 납부합니다. 법인세는 사업연도가 종료한 후 3개월 이내에 신고하고 납부해야 합니다. 예를 들어, 12월 말 법인은 다음연도 3월 말까지 법인세를 신고하고, 3월 말 법인은 6월 말까지 신고합니다.

법인 vs 개인의 세금 신고법

구분	법인	개인(간이과세)
부가세	신고: 1년에 4회 납부: 1년에 4회	신고: 1년에 2회(1회) 납부: 1년에 4회(2회)
소득세	-	다음연도 5월
법인세	사업연도 종료 후 3개월 이내	-
원천세	매월, 다음 달 10일	매월, 다음 달 10일

법인세와 소득세는 어떻게 다를까?

법인세와 소득세는 소득에 대한 세금이라는 점에서는 같지만, 적용되는 세법 자체가 다릅니다(법인세:「법인세법」, 소득세:「소득세법」). 그만큼 다른 점이 많지요.

세율

법인세와 소득세는 세율(지방소득세 제외)부터 다릅니다.

소득세 vs 법인세 세율

소득세		법인세	
과세표준	세율	과세표준	세율
~ 1,400만 원	6%	~ 2억 원	9%
1,400만 ~ 5,000만 원	15%	2억 ~ 200억 원	19%
5,000만 ~ 8,800만 원	24%	200억 ~ 3,000억 원	21%
8,800만 ~ 1억 5,000만 원	35%	3,000억 원 ~	24%
1억 5,000만 ~ 3억 원	38%		
3억 ~ 5억 원	40%		
5억 ~ 10억 원	42%		
10억 원 ~	45%		

소득을 집계하는 방법

법인은 '당기순이익'을 기준으로 세금을 계산합니다. 당기순이익에는 사업으로 인한 손익뿐만 아니라, 자산을 매매하거나 배당금을 받아서 번 돈 등 법인의 모든 소득이 담겨 있습니다. 따라서 법인이 번 모든 소득에 대해 자연스럽게 법인세를 부담하는 구조입니다.

반면에 개인사업자는 사업 관련 소득을 계산한 뒤, 다른 소득과 합산해서 종합소득을 산정합니다. 사업과 관련 없이 발생한 다른 소득에 대해서는 세법에서 열거하는 경우에만 과세하되, 종합과세되는 배당소득, 이자소득, 근로소득 등은 사업소득과 합산해서 종합소득세를 계산하는 것입니다. 이외에도 비용을 인정하는 방법, 세액공제나 감면 등 많은 부분에서 차이가 납니다.

법인은 반드시 법인카드만 써야 할까?

개인이나 법인이나 필요경비를 인정받으려면 돈을 쓰고 적격증빙을 받아야 합니다. 중요한 적격증빙으로 신용카드 매출전표가 있는데요, 개인 신용카드뿐만 아니라 사업용 신용카드(개인사업자), 또는 법인 신용카드(법인카드)를 사용하고 받는 매출전표는 모두 적격한 증명서류로 인정받을 수 있습니다.

다만, 법인은 업무추진비(접대비)를 지출할 때 조심해야 합니다. 법인이 쓴 업무추진비는 법인카드로 결제했을 때만 비용으로 인정받을 수 있기 때문입니다.

법인 대표자는 회사의 돈을 인출할 수 있을까?

법인의 돈은 대표자가 마음대로 인출해서 쓸 수 없습니다. 만약 대표이사가 법인의 돈을 썼다면 쓴 만큼 법인이 대표이사에게 돈을 빌려준 것(이자율 4.6%)으로 봅니다. 이것을 '가지급금'이라고 합니다. 법인은 가지급금에 대한 이자수익을 받았다고 보아 이자에 대해 법인세를 내고, 대표이사는 상여금을 받아 회사에 이자를 낸 것으로 처리합니다. 실제로 회사에서 돈을 받지도 않았는데 이자만큼 근로소득이 생겼다고 봐서 소득세를 부담합니다. 즉, 대표이사가 가지급금을 쓰면 법인과 대표이사의 세금이 증가합니다.

부가세는 뭐가 다를까?

법인이나 개인사업자나 같은 「부가가치세법」을 적용받기 때문에 비슷한 부분이 많습니다. 다만, 영세하거나 소규모 사업자들을 배려하는 차원에서 법인보다는 개인에게 유리한 규정이 일부 있습니다.

의제매입세액, 법인도 공제받는다

앞서, 면세농산물을 살 때 부가세를 부담하지 않았더라도 음식점 등 과세사업을 하는 사업자는 특별히 면세농산물 구입액의 일정 비율만큼을 매입세액으로 공제받을 수 있다고 했습니다. 의제매입세액공제는 개인사업자뿐만 아니라 법인도 적용받을 수 있습니다. 다만, 개인사업자보다 공제율과 한도가 낮습니다.

법인은 무조건 전자세금계산서 교부!

개인사업자는 직전연도 재화 및 용역의 공급가액 합계액이 1억원 이상인 경우에만 전자세금계산서 교부 의무를 지며, 소규모사업자는 여전히 종이 세금계산서를 발급할 수 있습니다. 그러나 법인은 직전연도 매출액과 관계없이 모두가 의무적으로 전자세금계산서를 발급해야 합니다.

신용카드 매출전표 발행 혜택은 개인사업자만!

영수증 발급 대상 개인사업자는 요건을 충족할 경우, 재화 또는 용역을 공급하고 신용카드 매출전표나 현금영수증 등을 발급하면 발급 금액의 1%(2026년 12월 31일까지는 1.3%)를 부가세 납부세액에서 공제받을 수 있습니다(최대 1,000만 원까지). 그러나 법인은 해당 세액공제를 적용받을 수 없습니다.

법인까지 고민할 만큼 N잡이 잘된다면!

Q1. 현재 직장을 다니는데요, N잡 중인 일이 연매출 3억 원 정도 됩니다. 법인으로 전환하는 게 좋을까요?

법인은 설립 절차가 까다롭고 개인사업보다 관리할 사항이 많은 편입니다. 따라서 직장생활을 하면서 법인을 병행하여 운영하기가 쉽지는 않을 것입니다.

연매출 3억 원 정도라면 아직 성실신고확인대상은 아니므로, 매출 규모가 더 확대되기 전까지 개인사업으로 유지하는 것도 괜찮아 보입니다.

이익이 많이 나는 사업자라면 소득세가 부담스러울 수 있습니다. 세금 부담 때문이라면 법인전환을 통해 실제로 절세가 가능한지 상세히 분석해 보아야 합니다.

Q2. 개인사업자입니다. 같은 사업을 절세 측면에서 개인사업자와 법인사업자로 동시에 운영해도 괜찮을까요?

1. 사업자등록

개인사업자도 법인을 설립할 수 있습니다. 특히, 사업장 주소가 다른 경우라면 동일 업종으로 동시에 운영하는 것도 가능합니다. 두 사업장의 주소가 같다면 관할 세무서의 판단에 따라 사업자등록이 불가능할 수도 있습니다. 과세관청은 동일 건물 내에서 동일 사업을 할 경우, 분리된 공간에서 각자 사업(거래, 대금 수수 등)이 독립적으로 이루어져야 별개의 사업장으로 봅니다. 따라서 같은 주소에서 개인사업장과 법인을 동시에 운영하려면 벽이나 방, 파티션 등으로 물리적으로 구분된 공간에서 실제로 각각 사업을 하고 있음을 입증할 수 있어야 합니다.

2. 절세 측면

개인사업과 법인사업을 동시에 운영하면 소득이 분산되므로 세금을 줄이는 데 도움이 될 수 있습니다. 다만, 다음과 같이 부담하는 세금의 종류가 달라집니다.

개인사업과 법인사업을 동시에 운영할 때, 다음 사항을 고려하지 않으면 낭패를 볼 수 있습니다.

사업자등록	세금 부담
개인	소득세(사업소득)
개인 + 법인	소득세(사업소득 + 근로소득 + 배당소득), 법인세

- 대표자의 급여는 법인의 필요경비로 인정받을 수 있으므로 법인세 절세에 도움이 됩니다. 그러나 그와 동시에 대표자의 근로소득이 증가함에 따라 소득세가 증가합니다.
- 사업소득이 법인과 분산되어 사업소득의 전체 규모가 줄어드는 효과가 있습니다. 그러나 그만큼 법인소득이 증가합니다.

절세 효과 이외에도 고려해야 할 부분이 있는데요, 특히 사업장이 이원화됨에 따라 각 사업장의 거래 내역을 별도로 관리해야 합니다. 기장이나 세금 신고(부가세, 원천세, 4대 보험, 세금계산서 발행 등)도 두 사업장에 대해 각각 수행해야 하지요. 즉, 두 사업장을 관리하는 데 관리의 어려움이 발생하고 관련 비용도 증가합니다.

따라서 개인사업과 법인사업을 동시에 운영하는 장점이 이러한 단점을 덮을 만큼 충분한지 사전에 면밀한 검토가 필요합니다.

Q3. 개인사업자입니다. 현재 사업소득금액은 1억 원 정도 됩니다. 법인으로 운영하는 것이 절세에 도움이 된다는데, 법인으로 사업을 할 경우 얼마나 절세가 되나요? 세금을 어떻게 비교하는지 궁금합니다.

절세가 법인전환의 주목적이라면 개인사업과 법인사업에서 버는 소득과 세금이 각각 얼마일지 예측해 보는 것이 좋습니다. 각각의 세금을 한번 계산해 봅시다.

기본공제(150만 원) 외에 다른 공제나 감면, 지방소득세, 4대 보험 등은 없는 것으로 가정하고 세율은 다음과 같습니다.

구분	과세표준	세율	누진공제
소득세	5,000만 ~ 8,800만 원	24%	576만 원
	8,800만 ~ 1억 5,000만 원	35%	1,544만 원
법인세	2억 원 이하	9%	-

1. 개인사업자의 종합소득세

• 과세표준 = 사업소득금액 1억 원 − 기본공제 150만 원 = 9,850만 원

• 종합소득세 = 과세표준 9,850만 원 × 세율 35% − 누진공제 1,544만 원 = 1,903만 5,000원

2. 법인전환 시 예상 세금

사업소득금액 1억 원 중 8,000만 원은 대표자가 급여(근로소득금액[2] 6,625만 원)로, 2,000만 원에서 법인세를 빼고 남은 금액(당기순이익)은 배당으로 받는다고 가정합시다.

여기서 잠깐!   **누진공제란?**

우리나라는 과세표준이 커질수록 적용하는 세율이 높아지는 누진세율 구조를 채택하고 있습니다. 과세표준 구간이 바뀔 때마다 해당 구간의 세율을 적용해서 세금을 각각 계산해야 하므로 복잡하고 번거롭습니다. 국세청은 납세자의 불편을 줄이기 위해 '누진공제'를 적용해서 간편하게 세금을 계산하도록 하고 있습니다. 누진공제는 과세표준 구간에 따라 적용세율이 달라지면서 발생하는 금액 차이를 세금 계산 시 공제해 주는 것입니다. 말로만 하면 어려워 보이지만, 실제로 적용하는 방식은 단순합니다.

· 세액 = 과세표준 × 최고 세율 - 누진공제

---

2 근로소득금액 = 총급여 - 근로소득공제

① 종합소득세(근로소득)

• 과세표준 = 근로소득금액 6,625만 원 − 기본공제 150만 원 = 6,475만 원

• 종합소득세 = 과세표준 6,475만 원 × 세율 24% − 누진공제 576만 원 = 978만 원

② 법인세(법인소득)

• 과세표준 = 사업소득 1억 원 − 인건비 8,000만 원 = 2,000만 원(법인세는 기본공제 등의 인적공제가 적용되지 않음)

• 법인세 = 과세표준 2,000만 원 × 9% = 180만 원

③ 원천세(배당소득)

• 배당소득 = 법인소득 2,000만 원 − 법인세 180만 원 = 1,820만 원

• 원천세 = 배당소득 1,820만 원 × 14% = 254만 8,000원(이자소득이나 배당소득과 같은 금융소득은 2,000만 원 이하의 소액이라면 원천징수로 과세가 종결됩니다. 2,000만 원 초과 시에는 종합소득에 합산하여 신고합니다.)

④ 총 세금

• 종합소득세 + 원천세 + 법인세 = 1,412만 8,000원

구분	개인사업자	법인
종합소득세	1,903만 5,000원	978만 원
법인세		180만 원
원천세		254만 8,000원
총계	1,903만 5,000원	1,412만 8,000원

질문의 경우, 법인의 세금이 개인사업자의 세금보다 적으므로 법인으로 전환하면 절세에 도움이 됩니다. 다만, 위의 사례에서는 공제·감면 등 복잡한 세제 혜택이 없다고 가정했습니다. 실제로는 상황에 따라 다양한 혜택이 있을 수 있으며, 또한 개인인지 법인인지에 따라 적용받을 수 있는 혜택이 다른 경우도 많습니다.

따라서 각 상황에 따라 세금을 정확하게 계산해 봐야 합니다. 예를 들어, 개인사업자로서 창업중소기업 세액감면 등을 적용받아 납부할 세금이 거의 없다면, 굳이 법인전환을 할 필요가 없으니까요.

한눈에 파악하는
2025 세금 일정표

해당 자료는 국세청 세무일정을 참고하여 만들었습니다.

4월

기한	내용
4월 10일	원천징수세액(법인세, 소득세, 특별징수분 지방소득세) 신고납부기한
	전자(세금)계산서 발급 및 전송기한
	주민세 종업원분 신고납부기한
	4대보험(건강, 고용, 연금, 산재) 납부기한
4월 25일	부가가치세 예정신고납부기한
	주행분 자동차세 납부기한
4월 30일	1월 말 결산법인 법인세 신고납부기한
	12월 말 결산 성실신고확인대상법인 법인세 신고기한
	12월 말 결산법인 법인세 분납기한(일반기업)
	성실신고확인자 선임신고
	12월말 결산법인 지방소득세(법인세분) 신고납부기한
	일용근로자 지급명세서 제출기한
	사업소득 간이지급명세서 제출기한
	기타소득 간이지급명세서 제출기한

5월

기한	내용
5월 12일	원천징수세액(법인세, 소득세, 특별징수분 지방소득세) 신고납부기한
	전자(세금)계산서 발급 및 전송기한
	주민세 종업원분 신고납부기한
	4대보험(건강, 고용, 연금, 산재) 납부기한
5월 26일	주행분 자동차세 납부기한

6월

기한	내용
6월 2일	2월 말 결산법인 법인세 신고납부기한
	1월 말 결산법인 지방소득세(법인세분) 신고납부기한
	12월 말 결산법인 법인세 분납기한(중소기업)
	종합소득세 확정신고 납부
	주식등 양도소득세 확정신고 납부
	사업용계좌 변경·추가 신고기한
	지방소득세(소득세분) 신고납부기한
	일용근로자 지급명세서 제출기한
	사업소득 간이지급명세서 제출기한
	기타소득 간이지급명세서 제출기한
6월 10일	원천징수세액(법인세, 소득세, 특별징수분 지방소득세) 신고납부기한
	전자(세금)계산서 발급 및 전송기한
	부가가치세주사업장 총괄납부 신청 및 포기신고기한
	주민세 종업원분 신고납부기한
	4대보험(건강, 고용, 연금, 산재) 납부기한
6월 16일	종합부동산세 분납기한

기한	내용
6월 25일	주행분 자동차세 납부기한
6월 30일	3월 말 결산법인 법인세 신고납부기한
	2월 말 결산법인 지방소득세(법인세분) 신고납부기한
	종합소득세 확정신고 납부기한(성실신고 확인 대상 사업자)
	사업용계좌 개설 신고기한
	소규모사업자 반기별 원천징수납부승인신청기한(6.1.~)
	소유분 자동차세(지방교육세 포함) 납부기한(6.16.~)
	일용근로자 지급명세서 제출기한
	사업소득 간이지급명세서 제출기한
	기타소득 간이지급명세서 제출기한

7월

July

기한	내용
7월 10일	원천징수세액(법인세, 소득세, 특별징수분 지방소득세) 신고납부기한
	전자(세금)계산서 발급 및 전송기한
	소규모사업자 원천징수세액 반기별 납부기한
	주민세 종업원분 신고납부기한
	4대보험(건강, 고용, 연금, 산재) 납부기한
7월 25일	부가가치세 확정신고납부기한
	부가가치세 간이과세자 예정고지납부
	주행분 자동차세 납부기한
7월 31일	4월말 결산법인 법인세 신고납부기한
	3월말 결산법인 지방소득세(법인세분) 신고납부기한
	주민세(재산분) 납부기한(7.1.~)
	재산세(지방교육세 포함) 납부기한(7.16.~)
	근로소득 간이지급명세서 제출기한
	일용근로자 지급명세서 제출기한
	사업소득 간이지급명세서 제출기한
	기타소득 간이지급명세서 제출기한

8월

기한	내용
8월 11일	원천징수세액(법인세, 소득세, 특별징수분 지방소득세) 신고납부기한
	전자(세금)계산서 발급 및 전송기한
	주민세 종업원분 신고납부기한
	4대보험(건강, 고용, 연금, 산재) 납부기한
8월 18일	고용보험·산재보험료(개산) 분납(건설업)
8월 25일	부가가치세 환급기한
	주행분 자동차세 납부기한

9월

기한	내용
9월 1일	5월 말 결산법인 법인세 신고납부기한
	4월 말 결산법인 지방소득세(법인세분) 신고납부기한
	12월 말 결산법인 법인세 중간예납기한
	주민세 균등분(지방교육세 포함) 납부기한(8.16.~)
	증권거래세 신고납부기한(『증권거래세법』제3조 제3호 납세의무자)
	일용근로자 지급명세서 제출기한
	사업소득 간이지급명세서 제출기한
	기타소득 간이지급명세서 제출기한
9월 10일	원천징수세액(법인세, 소득세, 특별징수분 지방소득세) 신고납부기한
	전자(세금)계산서 발급 및 전송기한
	주민세 종업원분 신고납부기한
	4대보험(건강, 고용, 연금, 산재) 납부기한
9월 25일	주행분 자동차세 납부기한

기한	내용
9월 30일	6월 말 결산법인 법인세 신고납부기한
	5월 말 결산법인 지방소득세(법인세분) 신고납부기한
	12월 말 결산법인 중간예납법인세 분납기한(일반기업)
	재산세(지방교육세 포함) 납부기한
	일용근로자 지급명세서 제출기한
	사업소득 간이지급명세서 제출기한
	기타소득 간이지급명세서 제출기한

10월

기한	내용
10월 10일	원천징수세액(법인세, 소득세, 특별징수분 지방소득세) 신고납부기한
	전자(세금)계산서 발급 및 전송기한
	주민세 종업원분 신고납부기한
	4대보험(건강, 고용, 연금, 산재) 납부기한
10월 27일	부가가치세 예정신고납부기한
	주행분 자동차세 납부기한
10월 31일	7월 말 결산법인 법인세 신고납부기한
	6월 말 결산법인 지방소득세(법인세분) 신고납부기한
	12월 말 결산법인 중간예납법인세 분납기한(중소기업)
	일용근로자 지급명세서 제출기한
	사업소득 간이지급명세서 제출기한
	기타소득 간이지급명세서 제출기한

11월

기한	내용
11월 10일	원천징수세액(법인세, 소득세, 특별징수분 지방소득세) 신고납부기한
	전자(세금)계산서 발급 및 전송기한
	4대보험(건강, 고용, 연금, 산재) 납부기한
11월 17일	고용보험·산재보험료(개산) 분납(건설업)
11월 25일	주행분 자동차세 납부기한

12월

기한	내용
12월 1일	8월 말 결산법인 법인세 신고납부기한
	7월 말 결산법인 지방소득세(법인세분) 신고납부기한
	종합소득세 중간예납기한
	근로장려금·자녀장려금 기한 후 신청기한
	일용근로자 지급명세서 제출기한
	사업소득 간이지급명세서 제출기한
	기타소득 간이지급명세서 제출기한
12월 10일	부가가치세주사업장 총괄 납부(사업자 단위 신고·납부) 승인신청 및 포기신고기한
	전자(세금)계산서 발급 및 전송기한
	원천징수세액(법인세, 소득세, 특별징수분 지방소득세) 신고납부기한
	주민세 종업원분 신고납부기한
	4대보험(건강, 고용, 연금, 산재) 납부기한
12월 15일	종합부동산세 납부기한(12.1.~)
12월 26일	주행분 자동차세 납부기한

기한	내용
12월 31일	9월 말 결산법인 법인세 신고납부기한
	8월 말 결산법인 지방소득세(법인세분) 신고납부기한
	소규모사업자 반기별 원천징수납부승인신청기한(12.1.~)
	소유분 자동차세(지방교육세 포함) 납부기한(12.16.~)
	일용근로자 지급명세서 제출기한
	사업소득 간이지급명세서 제출기한
	기타소득 간이지급명세서 제출기한

N잡러를 위한 거의 모든 절세

1판 1쇄 발행 2025년 4월 8일
1판 2쇄 발행 2025년 4월 25일

지은이 권재희
펴낸곳 롤링스퀘어
발행인 이지현
출판등록 제2022-000058호(2022년 5월 10일)
주소 서울특별시 영등포구 도림로 456
이메일 rollingsquare.books@gmail.com
ISBN 979-11-988195-2-9